Marianne Wellershoff (Hg.)

Ich *schaff* das schon

KRISEN ÜBERWINDEN, STRESS REDUZIEREN, ZU HAUSE WOHLFÜHLEN

3 Selbsttests und Trainingsprogramme für
einen entspannteren Alltag –
mein Coaching

 PENGUIN VERLAG

Die Texte dieses Buches wurden neu zusammengestellt
und sind bereits in den Magazinen
*So geht's mir gut. Sechs Trainingsprogramme, mit denen
Sie Ihr Leben managen können* (01/2019), *Ich fühl mich wohl.
Sechs Trainingsprogramme für einen entspannten Alltag* (01/2020)
und *Neustart für mich. Sechs Trainingsprogramme für ein
zufriedenes Leben* (01/2021) aus der Reihe
SPIEGEL Coaching erschienen.

MIX
Papier aus verantwor-
tungsvollen Quellen
FSC® C083411

Klimaneutral*
Druckprodukt
ClimatePartner.com/14044-1912-1001

Penguin Random House Verlagsgruppe FSC® N001967

1. Auflage 2021
Copyright © 2021 by Penguin Verlag, München
in der Penguin Random House Verlagsgruppe GmbH,
Neumarkter Straße 28, 81673 München
und SPIEGEL-Verlag Rudolf Augstein GmbH, Hamburg,
Ericusspitze 1, 20457 Hamburg
Umschlaggestaltung: Favoritbuero, München
Umschlagabbildung: Shutterstock/ © GoodStudio
Satz: Satzwerk Huber, Germering
Druck und Bindung: CPI books GmbH, Leck
Printed in Germany 2021
ISBN 978-3-328-10832-0
www.penguin-verlag.de

Inhalt

Vorwort

Wie glücklich bin ich? Wie erfüllt ist mein Leben? Wie wohl fühle ich mich mit mir und meiner Umgebung? Wie halte ich die innere Balance, auch wenn es mal schwierig wird? Antworten auf diese Fragen zu finden, nimmt uns niemand ab. Wir allein sind in unserer individualisierten Gesellschaft dafür zuständig, Sinn zu finden und mit uns selbst im Einklang zu sein.

Doch der übervolle Terminkalender und die vielen unterschiedlichen Ansprüche anderer machen es nicht gerade leicht, einfach mal innezuhalten, auszusteigen aus all dem Stress und zu überlegen: Was will ich eigentlich wirklich? Solche Reflexionsmomente sind aber wichtig, um den inneren Kompass zu finden und sich neu zu orientieren – und dann den richtigen Weg einzuschlagen.

Manchmal sind es Umbrüche im Job, Schicksalsschläge oder eine zerbrechende Beziehung, die uns durcheinanderwirbeln und alles infrage zu stellen scheinen. Auch wenn es sich in diesen Phasen nicht so anfühlt: Die allermeisten Menschen gehen gestärkt aus Krisen hervor. Doch manche Dinge sind so, wie sie sind, also zum Beispiel ein anstrengender Job plus Haushalt und Familie. Dann ist es gut, wenn man mit Stress besser umgeht. Oder wenn man sich mit der eigenen Wohnung einen Rückzugsort schafft, an dem man Geborgenheit und Ruhe findet.

Drei Selbsttests und drei einfach umzusetzende Trainingsprogramme »Krisen überwinden«, »Stress reduzieren« und »Zu Hause wohlfühlen« finden Sie in diesem Buch. Unterschiedliche Expertinnen und Experten haben die Checks und Coachings gemeinsam mit der Psychologin Anne Otto entwickelt. Nehmen Sie sich Zeit dafür und seien Sie fürsorglich mit sich selbst. Dann werden Sie sich immer besser an Ihrem inneren Kompass orientieren und den Weg zu dem Leben finden, das Sie sich wirklich wünschen. Holen Sie sich Zettel und Stift und legen Sie los!

> **Tipp:** Besorgen Sie sich ein Notizbuch und führen Sie ein Journal zu den Coachings, in dem Sie Ihre Gedanken und Vorhaben dazu festhalten.

KAPITEL 1

Krisen überwinden

Komm gut durch!

Trennung, Jobverlust, Krankheit oder Trauerzeit –
tiefe Lebenskrisen können zu Wut, Depression oder
Ängsten führen. Doch wie schaffen es Menschen,
an Kummer und Leid zu wachsen? Die psychologische Forschung hat einige Antworten gefunden.

Von Anne Otto

Eine überstürzte Reise im Zug durch Deutschland. Ein Sofa
in der Wohnung einer Freundin in Berlin, auf dem sie drei
Tage lang saß und permanent weinte. Ein Telefonat mit ihrem Bruder, der unter anderem den Satz sagte: »Ich hau den
Typen um.« Das fällt Katja Schäfer (Name geändert) heute sofort ein, wenn sie sich an die ersten Wochen erinnert, nachdem ihr Mann sie verlassen hatte, weil er sich in eine andere verliebt hatte. »Ich war danach viele Monate wie besessen
von Schmerz, konnte an nichts anderes denken, über nichts
anderes reden«, erinnert sich die 43-jährige Ärztin.

Die rein praktischen Probleme konnte Schäfer mit ihrem Ex-Mann gut klären – etwa, wer zu welchen Zeiten
die beiden Töchter, sechs und drei Jahre alt, betreut. Doch
emotional fühlte sie sich in einem nicht enden wollenden
Ausnahmezustand: Sie war permanent traurig, hatte kei-

nerlei Selbstbewusstsein mehr, fühlte sich handlungsunfähig und ohnmächtig. Ob es ihr je wieder besser gehen würde, dafür hätte sie in dieser Phase keine Prognose abgeben können, sagt Schäfer im Rückblick. Dafür sei sie zu tief im Loch gewesen.

Lebenskrisen wie die von Katja Schäfer, bei denen die persönliche seelische Belastungsgrenze weit überschritten wird, erlebt fast jeder irgendwann. Mal geht es um Trennung oder den Tod eines nahestehenden Menschen, mal um eine bedrohliche Krankheit oder um den Verlust des Arbeitsplatzes. Doch um welches Tief auch immer es sich handelt: Den einen gelingt es, irgendwann wieder ein Hoch zu erleben, den anderen nicht.

Wer mit Erschütterungen zurechtkommt und was gute und schlechte Bewältigungsstrategien sind, dazu gibt es viele Erkenntnisse aus der wissenschaftlichen Psychologie und aus der praktischen Arbeit von Psychotherapeuten. »Zunächst muss man sich klarmachen, dass das Verarbeiten einer Lebenskrise ein individueller Prozess ist«, sagt die Psychologische Psychotherapeutin Andrea Patzer, die jahrelang Paare mit unerfülltem Kinderwunsch begleitet hat. Laut Patzer spielen auch Persönlichkeitsfaktoren dabei eine Rolle, ob man eine Krise gut oder nur schwer verarbeitet. Nicht alle Menschen erleben ein ähnliches Ereignis gleich schmerzhaft, sind ähnlich sensibel oder geraten gleich schnell an ihre Grenzen. »Außerdem sind Menschen psychisch unterschiedlich vorbelastet, verfügen mal über nur wenig, mal über viel emotionale Kompetenz und haben unterschiedlich viel soziale Unterstützung«, erklärt Patzer.

Die Psychologin Judith Mangelsdorf untersucht als Doktorandin der FU Berlin, wie Menschen durch Lebensumbrüche kommen und wie es ihnen anschließend geht. So wertete Mangelsdorf in einer Metastudie gemeinsam mit anderen Wissenschaftlern 122 Einzeluntersuchungen aus und stellte fest, dass die meisten Menschen sich in einem Zeitraum von anderthalb Jahren wieder erholen.

Ein erstaunlich großer Teil der Betroffenen fühlt sich nach der Krisenphase sogar deutlich besser als zuvor, berichtet über mehr Selbstwert, tiefere Beziehungen und eine bessere Alltagsbewältigung als vorher. Dieses »posttraumatische Wachstum« betrifft – je nach Studie und Belastungsart – 58 bis 83 Prozent der Befragten. Offensichtlich sind Menschen von Natur aus recht krisenfest. Das zeigen auch Studien über den Verlauf von Trauerprozessen: Nur etwa zehn Prozent der Trauernden entwickeln eine »anhaltende komplexe Trauerreaktion«, erleben zum Beispiel die Sehnsucht nach dem Partner als ständig wachsenden Schmerz, werden immer depressiver. Neunzig Prozent der Trauernden erholen sich dagegen nach einiger Zeit wieder. Angesichts dieser Zahlen ist vager Optimismus also durchaus berechtigt: Die meisten Menschen stehen schwierige Lebensphasen durch, und viele von ihnen entwickeln sich sogar weiter.

Ein erschütterndes Ereignis mit der »Scheitern als Chance«-Floskel zu bagatellisieren, dazu gibt es allerdings keinen Anlass. Denn Lebenskrisen bergen tatsächlich viele psychische Risiken. So muss man immer auch bedenken, dass bei Menschen, die psychisch ohnehin vorbelastet sind, die Gefahr größer ist, nun in eine noch tiefere Krise zu rutschen. Das zeigt die Zahl derer, die nach Trennung, Tod oder Krankheit eine sogenannte Anpassungsstörung entwickeln, also länger als sechs Monate mit Ängsten oder depressiven Symptomen reagieren: Unter den psychisch gesunden Stichproben sind das weniger als 0,5 Prozent. In einer klinischen Stichprobe sind es je nach Vorerkrankung zwischen 5 und 30 Prozent.

Solche Studien helfen dem Einzelnen, der aus seinem Tief nicht herausfindet, natürlich nur wenig. Die persönliche Verarbeitung einer Krise verlangt einen anderen Blickwinkel: »Es ist wichtig, dass man sich auf einen inneren Weg begibt, der dadurch gekennzeichnet ist, dass man sich eben gerade nicht zu sehr von äußeren Vorgaben oder Erwartungen lenken lässt«, sagt Andrea Patzer, »sondern dass man eigene Antworten findet.« Dazu gehört auch, dass man sich nicht auf einen Termin festlegt, bis wann man das Tal durchschritten hat. Zwar gehen die meisten Studien von einem bis anderthalb Jahren aus, doch das sind nur Mittelwerte. »Niemand kann dir sagen, wie lange der Schmerz oder der Abschied dauert oder dauern soll«, sagt Patzer. »Ein Warnzeichen ist es allerdings, wenn Menschen auf Dauer immer mehr verbittern oder versteinern.« In der Arbeit mit kinderlosen Paaren bringe die Information, dass man sich seine Zeit nehmen darf, häufig Entlastung und stoße oft hilfreiche innere Prozesse an – viele Betroffene trauen sich dann beispielsweise eher, zu ihrem anhaltenden Schmerz zu stehen und mit anderen darüber zu sprechen.

Genauso wenig gibt es in der Wissenschaft eindeutige Phasen, die in Krisen in zwingender Abfolge von jedem Einzelnen durchlaufen werden müssen. Einen Ansatz bieten aber die fünf Trauerphasen, die die Sterbeforscherin Elisabeth Kübler-Ross Anfang der Siebzigerjahre in ihrem Weltbestseller »Interviews mit Sterbenden« vorstellte und die den Verlauf von Abschiedsprozessen beschreiben: Verleugnung, Wut, Verhandeln, Leid und Akzeptanz. In der »Yale Bereavement Study«, in der Trauerprozesse über einen langen Zeitraum untersucht wurden, zeigte sich, dass vor allem in den ersten sechs Monaten die Gefühle und angeblich trennbaren Trauerphasen wild durcheinandergingen. Wer nach dem Verlust eines Angehörigen oder eines Jobs in den ersten Monaten vor allem niedergeschlagen ist, macht also genauso wenig falsch wie Menschen, die erst mal nur wütend sind, oder solche, die gar nichts fühlen. Es gibt viele Wege.

Für Katja Schäfer standen nach der Trennung von ihrem Mann Traurigkeit und Ohnmacht lange im Vordergrund. Ihre engsten Freunde haben ihr tägliches Weinen gut ertragen und sie getröstet. Einige Menschen im Umfeld hätten aber auch kritisch nachgefragt, wie lange das denn noch gehen solle. Schäfer sagt, sie habe denen geantwortet: Das wird sich zeigen. Dass sich Katja Schäfer offenbar vom ersten Tag an auf ihre Trennungskrise einließ und dass ihr bewusst war, dass eine schwere Phase auf sie zukam, sieht Psychotherapeutin Andrea Patzer positiv. »Radikale Akzeptanz« sei eine wichtige Voraussetzung, um eine Krise zu bewältigen. Denn eines ist klar: Obwohl die Bewältigungsprozesse oft unterschiedlich sind, so haben die Emotions- und Trauerforschung, die positive Psychologie und die Life-Event-Forschung heute Erkenntnisse darüber, welche Haltungen, Strategien und emotionalen Regulationsprozesse dazu führen können, dass Menschen Krisen meistern.

Akzeptanz ist in vielen wissenschaftlichen Ansätzen ein wichtiger Baustein. Dabei geht es nicht darum, das Schicksal klaglos anzunehmen und etwa dem verlorenen Job nicht mehr nachzutrauern. Entscheidender ist, dass man sich nichts vormacht, sondern die Realität zur Kenntnis nimmt und annimmt. Auch Einzelstudien zeigen immer wieder die Bedeutung der Akzeptanz in Lebenskrisen: Der Psychologe Sebastian Remmers von der Universität Koblenz-Landau befragte in einer Studie 66 Trauernde, die gerade ihren Lebenspartner verloren hatten. Er fand heraus, dass diejenigen, die von Anfang an der Aussage zustimmten: »Ich akzeptiere, dass es passiert ist und dass nichts zu ändern ist«, viel weniger depressive Symptome entwickelten und sich schneller erholten als andere Befragte. Diese faktische Akzeptanz war sogar wichtiger als der Faktor Optimismus oder der Grad der sozialen Unterstützung, der den Trauernden zuteilwurde.

Für den Verhaltenstherapeuten Jörg Otto (er ist der Bruder der Autorin dieses Textes) bedeutet Akzeptanz einer Krise aber nicht nur, zur Kenntnis zu nehmen, dass man in einer schwierigen Lage steckt. Es bedeutet auch, dass man seine eigene Verwundbarkeit akzeptiert und vor sich selbst zugibt, dass man Zeit und auch die Hilfe anderer braucht. Der Psychologe hat jahrelang auf der psychiatrischen Station einer Klinik in Berlin-Kreuzberg gearbeitet und dort viele Menschen in akuten psychischen Krisen begleitet. Nach seiner Erfahrung ist es vor allem für Menschen, die ohnehin unter Depressionen und Ängsten leiden oder ihre Emotionen schwer kontrollieren können, wichtig, sich bei krisenhaften Ereignissen zu fragen, wie sie sich Unterstützung und Stabilität holen können und sich emotional nicht überfordern. »Was in Krisen passiert, kann man nie ganz voraussagen«, sagt Otto. »Die allermeisten Menschen wachsen daran. Doch gibt es auch Leute, die in Krisen das denkbar Schlechteste tun und sich zusätzlich selbst belasten.«

Und was genau ist das »denkbar Schlechteste«? Ein Negativklassiker sei es zum Beispiel, sagt Otto, mit dem Umfeld, das einen unterstützen soll, in dem Moment einen Streit anzufangen, wenn man gerade durch Trennung oder Jobverlust geschwächt ist. Auch sich nonstop mit negativen Emotionen zu beschäftigen sei oft kontraproduktiv. Besser sei, ein Gleichgewicht zwischen einer emotionalen Verarbeitung einerseits und einer Selbststabilisierung und Aktivierung andererseits zu erreichen.

In der Forschung zu Trauerprozessen gibt es mittlerweile eine ganz ähnliche Aufteilung: Margaret Stroebe und Henk Schut formulierten vor einigen Jahren ein duales Modell zum Abschiednehmen, das einen dynamischen Wechsel zwischen emotionaler Verarbeitung einerseits und Verdrängung und Gegenwartsbezug andererseits vorsieht. Konkret gesagt: Wer einerseits tageweise oder stundenweise traurig ist, Fotos anguckt, sich erinnert und dann umschaltet und sich mit Freunden trifft, einkaufen geht, sich an einem schönen Sonnentag erfreut oder sogar vage Zukunftspläne schmiedet, der wechselt angemessen hin und her zwischen wertvollen Verarbeitungsstrategien – und erholt sich gerade in diesem dynamischen Prozess.

Auch der Psychologieprofessor George A. Bonnano von der Columbia University rät dazu, verschiedene Bewältigungsstrategien zu kombinieren. In einem Übersichtsartikel zweifelt er grundsätzlich an, dass man zwischen »guten« und »schlechten« Bewältigungsstrategien unterscheiden könne. Ob Verdrängung, Ablenkung, Emotionsunterdrückung oder Gefühlsausbruch, Alleinsein oder Kontakt – alle diese Strategien können bei der Verarbeitung einer Krise sinnvoll sein. Bonnano und sein Team vertreten sogar die Ansicht, dass Krisenbewältigung umso besser gelingt und posttraumatisches Wachstum wahrscheinlicher wird, je mehr Strategien einem Menschen zur Verfügung stehen und je größer die Sensibilität des Betroffenen selbst oder seines Therapeuten dafür ist, welche Strategie sich in welcher Situation am besten eignet. Vereinfacht gesagt: Um eine Krise zu meistern, braucht es Flexibilität und Fingerspitzengefühl.

Was bedeutet dies für die Praxis? Für die Ärztin Katja Schäfer war es beispielsweise anfangs elementar, sich in den Schmerz zu stürzen. Auf der anderen Seite gibt es in einem Krisenverlauf immer Situationen, in denen es ratsam ist, sich den Gefühlen nicht hinzugeben. Im Fall eines Jobverlusts ist es oft nicht ratsam, sich ganz in Trauer und Enttäuschung fallen zu lassen. Fürs Seelenheil ist es besser, schnell wieder aktiv zu werden, sich praktisch zu kümmern, Bewerbungen zu schreiben, eine Fortbildung zu machen.

Und auch im Fall von Trennungen ist es nicht ratsam, Wut und Trauer selbst dann freien Lauf zu lassen, wenn es um Sorgerechtsregelungen und Geldfragen geht. Dass hier eine Art Umschalten wichtig sein könnte, hatte Katja Schäfer schnell registriert. »Ich war unglaublich wütend auf meinen Ex-Mann. Aber wenn es um die Kinder ging, konnte ich mich von diesem Schmerz und der Lust, richtig Ärger zu machen, nicht leiten lassen«, sagt sie. Theoretisch war ihr das klar.

Doch praktisch sei es ihr oft schwergefallen, nicht ausfallend zu werden. Sie habe sich deshalb Hilfe bei einer Therapeutin geholt, die mit ihr die kritischen Situationen durchgespielt habe. Gelungen sei ihr das letztlich nur, indem sie die Zähne zusammengebissen habe. Für die Kinder sei genau das aber gut gewesen, sagt Schäfer heute. Sie habe in der Trennungszeit viele andere Scheidungsgeschichten gehört und erfahren, dass gerade der Streit um die Kinder dazu geführt hat, dass Zorn, Angst oder Trauer nicht verblassten, sondern immer schlimmer wurden.

Im Rückblick wirken die einzelnen Schritte häufig logisch oder sogar zwingend. Doch in der Krise selbst ist die besonnene Auswahl der richtigen Strategien schwierig. »Viele Menschen sind in Belastungssituationen nicht in der Lage, ihre Gefühle zu regulieren«, sagt die Therapeutin Patzer. Der Grund: »In Krisenzeiten gehen Menschen oft in eine Art Regression, greifen auf kindliche Verhaltensmuster zurück, oder alte Wunden brechen auf.« Gefühle von Ohnmacht, Wut oder sogar eine existenzielle Bedrohung, die man in der Kindheit durchlebt hat, werden wachgerufen und produzieren vielschichtige, belastende Emotionen und Ängste. Diese können sich chronifizieren, über die Zeit der Krise hinaus.

Hier ist es Aufgabe der Therapeuten, das Gefühlsdurcheinander zu entwirren; denn erst die Klarheit kann helfen, sich lösungsorientierter zu verhalten – und Klarheit wird dringend gebraucht, wenn es in Umbruchphasen um praktische Fragen geht, seien es Sorgerechtsfragen, Abfindungen oder die bestmögliche Chemotherapie. Einige Stunden Psychotherapie oder Beratung können laut Patzer helfen, die Gefühle einzuordnen und Muster aus der Kindheit zu identifizieren. Und sich dauerhaft mehr Flexibilität im eigenen Verhalten zu erarbeiten. Solche Lern- und Entwicklungsprozesse sind es wohl auch, die ein Wachstum nach einer Krise irgendwann ermöglichen.

Wie zum Beispiel bei Katja Schäfer. Für sie gibt es heute ein Leben nach dem Tief. Sie hatte sich nach einem Jahr der Traurigkeit zunächst in eine Party- und Ausprobierphase gestürzt, wollte gucken, was geht. Vor einem Jahr hat sie dann einen Mann kennengelernt, der, wie sie findet, sehr gut zu ihr passt. Inzwischen wohnt sie mit ihm zusammen. Die Töchter wechseln zwischen Vater und Mutter, der Alltag funktioniert.

Kann man Krisen also doch als Chance begreifen? Wird man durch Härten ein reiferer Mensch? »Mit der Interpretation wäre ich vorsichtig«, sagt der Psychotherapeut Thorsten Padberg, der unter anderem den Podcast »Therapieland« entwickelt hat, in dem es um die Rolle der Psychotherapie in Deutschland geht. »Krisen müssen keine Katastrophen sein. Doch wenn man zu sehr betont, dass jede Druck- und Umbruchsituation, etwa im Berufsleben, auch eine Chance sein kann, lenkt man davon ab, dass es auch eine gesellschaftliche Verantwortung gibt, nicht ständig prekäre Situationen zu produzieren. Eine Pflicht zur Resilienz darf es nicht geben!« Aus seinen praktischen Erfahrungen ist Padberg allerdings ebenfalls zuversichtlich: Die meisten Klienten könnten mit ein bisschen Unterstützung gut definieren, ob und wie sie in einer Krise stecken, wobei genau sie Hilfe brauchen und was sie ändern wollen.

Katja Schäfer hatte nicht damit gerechnet, dass die Dinge sich so positiv entwickeln würden. Auch nicht damit, dass sie sich heute selbstbewusster fühlt als vor der Trennung, ganz wie es Studien zum Wachstum nach der Lebenskrise voraussagen. »Für mich ist eigentlich das Schönste, dass ich jetzt weiß, dass ich durch Belastungszeiten durchkommen kann«, sagt sie. Sie fühlt sich freier. Und gewappnet für die nächste Krise.

Vorsicht, Falle!

Manche Wege, mit denen man aus der Krise finden will, sind Irrwege.
Diese fünf Tipps helfen Ihnen dabei, auf die richtigen Zeichen zu achten und sich für die bessere Handlungsalternative zu entscheiden.

Von Anne Otto

1. Katastrophen erwarten

Trennungen sind schmerzhaft. Eine Krebsdiagnose belastet und ein Jobverlust auch. Ein Anlass, schwarzzusehen und in dieser Phase der Veränderung nur negative Entwicklungen zu erwarten, ist aber weder produktiv noch realistisch. Vorsicht: Anhaltendes Grübeln verschlimmert das Katastrophendenken! Was hilft: Mit Ablenkung gegensteuern; es gibt keine Pflicht, sich permanent mit der privaten oder der globalen Krise zu beschäftigen. Mit Zuversicht gegen düstere Gedanken arbeiten. Man ist kein »Schönfärber«, wenn man sich Hoffnung gönnt. Mit anderen sprechen: Bewerten diese ähnliche Situationen positiver?

2. Streit beginnen

In Krisenzeiten steht alles auf dem Prüfstand. Alte Freunde etwa, denen es sehr gut geht, kann man nicht ertragen. Der Partner, die Partnerin versteht das eigene Leiden nicht et cetera. Dennoch ist es in Umbruchphasen nicht ratsam, allzu viele neue Schlachtfelder aufzumachen oder Brücken abzubrechen. Was hilft: emotionale Impulse nicht ausagieren, sondern innehalten und nachdenken. Es kann tatsächlich sein, dass Ihre Lieben nicht alles empathisch begleiten können. Üben Sie deshalb Nachsicht mit ihnen.

3. Kompletter Rückzug

Je schlechter es Menschen geht, desto eher ziehen sie sich zurück. Vor allem wer tendenziell depressiv oder zwanghaft perfektionistisch ist, wird unter Belastung oft noch mehr zum Einzelkämpfer. Was hilft: entgegen diesen Wünschen und Impulsen zu handeln. Um Hilfe bitten und Kontakte aufrechterhalten. Sich selbst überlisten und feste Verabredungen treffen, die man dann auch einhält.

4. Meine Schuld

Wie bewerten Sie Misserfolge und Krisen? Geben Sie sich selbst die Schuld, oder haben Sie das Gefühl, dass Sie nie Glück haben? Manche begeben sich in Krisen in diese Opferhaltung. Die Kunst ist, ihr nicht zu viel Raum zu geben. Was hilft: Die »Neubewertung« von Situationen ist eine Technik in der Verhaltenstherapie. Versuchen Sie, die Situation aus einem anderen Blickwinkel zu sehen als bisher. Was haben Sie gut gemacht? Was können Sie nun tun, während die Krise Sie beutelt, was vorher nicht möglich war? Erweitern Sie Ihre Perspektive!

5. Sofort weitermachen

Jetzt erst recht? Endlich frei? Alles wird gut? Viele Menschen richten heute in Lebenskrisen sofort den Blick nach vorn und suchen mit großer Energie nach neuen Chancen. So überspringen sie oft den Schritt der Traurigkeit oder Ratlosigkeit und überfordern sich selbst. Was hilft: innehalten und wahrnehmen, dass man verletzt ist oder Angst hat oder keinen Antrieb. Mit anderen sprechen und sich die eigene Schwäche zugestehen. Für Hardliner in Sachen »Ich schaffe das schon« reichen oft Minigesten, mit denen man andere um Hilfe bittet.

Können Sie Krise?

Wie gehen Sie in Ihrem Alltag, in Beruf und Privatleben mit schwierigen Situationen um? Diese Checklisten zeigen Ihnen, wo Sie sich auf Ihre Krisenkompetenz verlassen können – und wie Sie diese weiterentwickeln.

Ob Trennungen, Prüfungsstress oder gesellschaftliche Krisen: Manchmal überrollen einen die Ereignisse, sodass man nicht mehr weiß, was zu tun ist. Das löst oft Gefühle von Angst und Machtlosigkeit aus. In solchen Situationen vergessen die meisten Menschen, dass sie in ihrem Leben bereits mehrfach erfolgreich Krisen bewältigt haben – und wie ihnen das gelungen ist. Doch Kompetenzen werden nicht vergessen, sie müssen aber abgerufen werden. »Um einen guten Umgang mit Belastungssituationen zu finden, ist es wichtig, sich konkret bewusst zu machen, auf welche persönlichen Stärken man setzen kann und was man im eigenen Umfeld für Bedingungen braucht, um schwierige Situationen zu meistern«, sagt Helen Heineman, Pädagogin und Leiterin des Instituts für Burn-out-Prävention in Hamburg. Hilfreiche Ansätze liefert die Gesundheitspsychologie, etwa das Salutogenese-Konzept von Aaron Antonovsky. Es zeigt, unter welchen Bedingungen wir Schwierigkeiten gut bewältigen können. Dies ist die Basis der sechs Checklisten, mit denen Sie prüfen können, welche Belastungsfaktoren in welchem Lebensbereich Sie aktuell erleben – und wie Sie mit Krisen und Schwierigkeiten generell umgehen. Sie finden im Anschluss konkrete Anregungen, wie Sie Ihre Situation verändern können und sich selbst und Ihr Umfeld so mehr entlasten. Durch die Selbstreflexion im Check werden Sie sich auch schnell wieder erinnern, wie viel Krisenkompetenz Sie bereits besitzen – und diese ab jetzt nutzen können.

Mehr Wissen

Innere Stärke, auch Resilienz genannt, hilft, mit Herausforderungen und Krisen besser umzugehen und in schwierigen Zeiten im seelischen Gleichgewicht zu bleiben. Das zeigte auch eine Studie an 220 Erwachsenen in der Frühphase der Corona-Pandemie. Wer eine hohe Resilienz hatte, der war hoffnungsvoller, psychisch gesünder und fühlte sich besser als jene, deren innere Widerstandskräfte schwächer waren. Die gute Nachricht für jene, deren innere Stärke nicht so ausgeprägt ist: Durch präventive Maßnahmen ließ die Resilienz sich verbessern.

Aufgabe

Beantworten Sie die Aussagen auf den folgenden Listen mit »Ja« oder »Nein«. Wenn Sie sich nicht sicher sind, wählen Sie die Antwort, die eher passt. Zählen Sie alle »Ja«-Antworten zusammen, notieren Sie die Zahl im Extrakästchen.

Ja   Nein

Ich fühlte mich in den letzten Monaten oft erschöpft und müde. ☐ ☐

Schon seit einer Weile fällt es mir schwer, mich bei der Arbeit oder bei Privatgesprächen zu konzentrieren. ☐ ☐

Ja   Nein

Auch körperlich fühle ich mich oft angespannt/ ☐ ☐
habe Schmerzen/habe häufig Infekte.

Ich bin latent in Alarmbereitschaft: Häufig mache ☐ ☐
ich mir Sorgen über Schwierigkeiten und/oder
rechne mit dem Schlimmsten.

Ich fühle mich häufig niedergeschlagen, traurig ☐ ☐
oder gereizt.

Ergebnis: _____ x **Ja**

2

Bei meiner Arbeit kenne ich meine Rolle und weiß, ☐ ☐
welche Aufgaben/Bereiche ich bearbeiten soll.

Privat weiß ich meistens, welche Abläufe passend ☐ ☐
sind, was mein Umfeld von mir will und wie wir
harmonieren.

In Ausnahmesituationen im Job oder in Beziehun- ☐ ☐
gen versuche ich, die Dinge sachlich zu betrachten: Ich weiß dann schnell, worauf ich achten muss.

Ja Nein

In Krisenphasen in meinem Leben wusste ich in der Vergangenheit, wie ich mich verhalten und mich selbst wieder stabilisieren kann.

Von den Führungskräften gibt es in meinem Job meistens klare Ansagen und Zielplanungen, und man kann auch gemeinsam planen.

Ergebnis: _____ x **Ja**

3

Ich habe mich bei der Arbeit häufiger verzettelt, weil ich nicht wusste, was meine Aufgabe ist oder was das Ziel der Sache sein soll.

Manchmal verunsichern mich neue Situationen oder Krisennachrichten, ich weiß dann tagelang nicht, was ich tun soll.

Oft verstehe ich nicht richtig, was andere von mir wollen – frage aber auch nicht nach.

Es fällt mir oft schwer, mir die nötigen Informationen zu holen, um zu einem komplexen Thema eine Haltung zu entwickeln.

Ja Nein

Konfus, verwirrt, an drei Orten gleichzeitig – so würde ich meine Lebenssituation häufig beschreiben.

Ergebnis: _____ x **Ja**

4

Wenn bei der Arbeit ein Problem auftaucht oder es schnell gehen muss, kenne ich alternative Wege oder Vereinfachungen/Hilfen.

Wenn ich mit Freunden oder in der Familie einen Dissens habe, weiß ich, mit wem ich darüber am besten spreche, was ich nun tun kann.

Im Job haben wir die Möglichkeit, uns die Aufgaben selbst einzuteilen und die wichtigsten Dinge zuerst abzuarbeiten.

Ich fühle mich durch gesellschaftliche Krisen (wie z.B. die Corona-Pandemie) herausgefordert, neue Wege zu suchen und zu finden.

Ja   Nein

Ich habe in meinem Leben immer mal wieder Zeit
und Freiräume zum Innehalten. Dann tanke ich
Kraft oder komme zur Ruhe.

Ergebnis: _____ x Ja

5

Mein Temperament, zum Beispiel eine besondere
Offenheit oder Ruhe, haben mir in Krisen schon
oft Kraft gegeben.

Ob Beharrlichkeit, Mut oder Optimismus –
ich weiß, welche Stärken mir mittelfristig helfen, wenn ich mal in schwierigen Situationen
bin.

Ich trage mit dem, was ich gut kann, häufig zum
Gelingen von Arbeitsabläufen oder privaten Treffen bei.

In den sozialen Zusammenhängen, in denen ich
mich bewege, weiß ich, welche Fähigkeiten ich in
kritischen Situationen einbringen kann.

Ja   Nein

Ich kenne meine Stärken und meine Schwächen
und könnte sie auf Anhieb benennen.

Ergebnis: _____ x **Ja**

6

Es gibt Menschen, zu denen ich gehen kann und
mit denen ich mich verbunden fühle.

Meine Arbeit, meine Freizeit und/oder mein Leben
empfinde ich meistens als sinnvoll und stimmig.

Wenn ich meine täglichen Aufgaben mache, fühle ich häufig Freude, Stolz oder sogar Enthusi-
asmus.

Meine Leidenschaften – beispielsweise Sport, Musik, Tiere, Kultur, Wissen et cetera – geben meinem Leben eine Art inneren Halt.

In Gesprächen mit meinem Partner, meinen Kindern, Verwandten und Freunden merke ich häufig: Wir sind auf einer Wellenlänge.

Ergebnis: _____ x **Ja**

Stressstatus:
Wie belastet bin ich?

Wenn Sie in dieser Checkliste zweimal oder häufiger mit »Ja« geantwortet haben, sind Sie wahrscheinlich in einem chronischen Stress- und Anspannungsmodus. Eine monatelange Aneinanderreihung von belastenden Situationen etwa bei der Arbeit führt dazu, dass der Körper – vor allem durch einen erhöhten Stresshormonspiegel – in einem permanenten Alarmzustand ist. Dieser beeinflusst auch die Intensität von Emotionen und Bewertungen von kritischen Situationen. Wer also bereits bei der Arbeit oder durch private Belastungen in einem Stressmodus ist, der entwickelt bei aktuellen Problemen eher einen Tunnelblick, ist reizbar, sieht keine Auswege. Auf akute Lebenskrisen wie Erkrankungen, Trennungen oder finanzielle Sorgen wird man dann unter Umständen noch emotionaler und kopfloser reagieren als in einem eher entspannten körperlichen und seelischen Grundzustand. Um wieder gelassener und handlungsfähig zu werden, könnte es für Sie zentral sein, den Dauerstressmodus zu unterbrechen, sich mehr Pausen zu gönnen und, wenn es geht, etwas weniger zu arbeiten und sich bewusst zu entlasten.

Wenn Sie in dieser Liste weniger als zweimal mit »Ja« geantwortet haben, sind Sie wahrscheinlich gerade nicht in einer gestressten Grundverfassung und erleben daher auch akute Belastungen oder unvorhersehbare Krisen eher gefasst. Aber Gelassenheit ist kein Wettbewerb: In schwierigen Le-

bensphasen ist es für alle Menschen sinnvoll, sich auch körperlich zu entspannen, um mit der Krise kompetenter umgehen zu können.

Tipp: Wenn Sie permanent unter Strom stehen, suchen Sie gezielt nach Kontakt, der Sie entspannt. Rufen Sie Freunde an, die einen ähnlichen Humor haben wie Sie, sprechen Sie über WhatsApp mit den Nachbarn, oder suchen Sie die Nähe der Menschen, mit denen Sie zusammenleben. Dadurch löst sich Stress oft effektiver als durch Meditation oder Entspannungsübungen.

Krisentipp: Halten Sie Ihre Kräfte zusammen! Versuchen Sie, ausreichend zu schlafen, sich gut und gesund zu ernähren, und vermeiden Sie unnötige Streitereien über Kleinigkeiten.

2

Orientierung im Alltag: Verstehe ich meine Lebenssituation?

Diese Checkliste zeigt Ihnen, wie sicher Sie sich in Ihrer Welt bewegen: privat, beruflich und in Krisenphasen. Wenn Sie **dreimal oder häufiger mit »Ja« geantwortet** haben, können Sie sich in mehreren Bereichen Ihres Lebens wahrscheinlich ganz gut orientieren, kennen Ihre Rollen und Aufgaben und wissen, was funktioniert. Das ist gut. Denn laut dem Gesundheitspsychologen Aaron Antonovsky ist »Verstehbarkeit von Situationen« einer der wichtigsten Faktoren, um mit Belastungen gut umzugehen. Haben Sie in diesem Check weniger als dreimal »Ja« angekreuzt, kann es sein, dass Sie von den äußeren Lebensbedingungen häufiger überrumpelt sind: Es kann sein, dass die Situation an Ihrem Arbeitsplatz verwirrend und unklar ist. Oder Sie sind im Privatleben oder durch eine Umbruchsituation belastet. Verschaffen Sie sich deshalb in einem ersten Schritt einen Überblick darüber, in welchem Bereich Sie im Dunkeln tappen. Schauen Sie dazu auch noch einmal, welche Fragen Sie in diesem Check mit »Nein« beantwortet haben. Bei diesen Themen fehlen Ihnen vermutlich Klarheit und notwendige Informationen.

Tipp: Haben Sie einen Bereich gefunden, in dem Sie nicht durchblicken? Beginnen Sie, hier viel mehr Fragen zu stellen und sich die Informationen zu holen, die Sie brauchen. Sagen Sie Ihrer Chefin oder Ihrem Chef, dass Sie verstehen wollen, was denn genau Ihre Aufgabe im Team ist. Besprechen Sie mit Ihrem Partner, was er sich in Streit- und Zweifelsfällen von Ihnen wünscht. Der Tipp klingt banal, doch viele Menschen holen sich nicht die Informationen ein, die sie brauchen, um sich wohlzufühlen.

Krisentipp: Versuchen Sie, sich ganz sachlich die Frage zu stellen: Wie geht es anderen Menschen, die in einer ähnlichen Lage sind wie ich? Was tun sie? Was hilft ihnen? Lassen Sie sich von den Erlebnissen und Lösungsansätzen anderer ermutigen oder inspirieren. Ob Sie lieber einen Ratgeber oder einen Betroffenenbericht lesen oder mit jemandem sprechen, der eine ähnliche Situation gemeistert hat, entscheiden Sie selbst.

3

Innere Orientierung: Versuche ich aktiv, Dinge zu klären?

Haben Sie hier **dreimal oder häufiger mit »Ja« geantwortet?** Dann kämpfen Sie vermutlich öfter damit, sich bei Problemen ausreichend zu informieren und zu orientieren. Denn neben den äußeren Faktoren, die dazu führen, dass Menschen in unklaren Situationen leben und arbeiten (siehe Checkliste 2), gibt es auch innere Haltungen, die Unklarheit eher verstärken. Vielleicht haben Sie bisher unterschätzt, wie wichtig es für Ihr Wohlbefinden ist, Abläufe oder Arbeitsaufträge zu verstehen? Oder dass man leichter und stimmiger handelt, wenn man umfassend informiert ist? Wer versteht, welche Risiken und Chancen neue, schwierige Situationen mit sich bringen, welche Wege weiterführen und welche Sackgassen es gibt, kann sich selbstbestimmter bewegen und eine klare Haltung finden – ob in einer persönlichen Krise oder in einem chaotischen Arbeitsalltag. Falls Sie hier weniger als dreimal mit »Ja« geantwortet haben, wissen Sie wahrscheinlich, dass es guttun kann, sich aktiv um Orientierung zu bemühen.

Tipp: Wählen Sie einen normalen Tag aus und reflektieren Sie, was vom Aufstehen bis zum Schlafengehen passiert: Wo gibt es »Nebelfelder«? Wo entsteht Stress, weil die Aufgaben in der Familie oder im Job unklar sind? Führen Sie sich die

Belastungsmomente vor Augen und überlegen Sie, was Sie tun könnten, um diese Situationen klarer zu gestalten, Aufgaben zu entzerren oder anders aufzuteilen. Hier kann Ihnen die Tageslaufanalyse im Coaching »Krisenkompetenz verbessern« helfen.

Krisentipp: In einem persönlichen oder beruflichen Umbruch verändert sich oft auch der Alltag. Holen Sie sich auch hier Orientierung bei anderen: Was sagt man den Kindern? Wie hält man Einsamkeit aus? Wie geht man mit finanziellen Engpässen um? Wer in Krisenphasen um Hilfe bittet, bekommt diese oft. Eine gute Übung für alle, die dazu neigen, alles allein zu wuppen!

 Gestaltungsspielraum: Habe ich genug Handlungsalternativen?

Dieser Check leuchtet aus, wie viel Freiräume Sie in Ihrem Alltag ganz praktisch haben und erleben. Wenn Sie hier **dreimal oder häufiger »Ja« angekreuzt** haben, haben Sie wahrscheinlich in mehreren Lebensbereichen das Gefühl, selbst etwas tun zu können, bei Schwierigkeiten auch immer einen Plan B zu kennen. Das ist gut, denn Gesundheit und Krisenkompetenz entstehen immer da, wo die äußeren Umstände so gestrickt sind, dass Menschen alternative Pläne entwickeln und flexibel handeln können. Wo dagegen alles nach einem festen Schema abgearbeitet werden muss oder Anforderungen von Familienmitgliedern, Partnern oder Kollegen sehr starr sind, kann man sich nicht gut frei bewegen, geschweige denn Lösungen für Krisen und Belastungen finden. Wenn Sie hier zweimal oder seltener mit »Ja« geantwortet haben, dann kann es sein, dass Ihnen ausreichende Handlungsspielräume in Ihrer Lebenssituation fehlen.

Tipp: Stellen Sie sich in einer stillen Stunde folgende Fragen: Was tue ich wirklich gern? Was würde ich gern mehr machen? Wo würde ich mich gern mehr einbringen? Wen oder was brauche ich dafür? Die Antworten geben Ihnen Hinweise darauf, wo es sich für Sie lohnt, größere Spielräume zu haben – und wie Sie diese nutzen könnten.

Krisentipp: Wer anderen hilft, fühlt sich oft weniger machtlos. Das löst Ihre akute Krise zwar nicht auf – aber es gibt Ihnen das Gefühl, ein wenig Einfluss nehmen zu können. Auch wenn Sie sich selbst gerade belastet fühlen, kann es Sie also stärken, wenn Sie anderen etwas Gutes tun – egal, ob Sie Geld spenden oder jemandem auch nur einige Minuten lang zuhören.

 ## 5   Fähigkeiten einsetzen: Nutze ich in Krisen meine Stärken?

Wenn Sie hier **zweimal oder häufiger mit »Ja« geantwortet** haben, dann wissen Sie wahrscheinlich, wie wichtig es ist, sich in Belastungssituationen radikal auf die eigenen Fähigkeiten zu verlassen – und diese in jede noch so verfahrene oder bedrohliche Situation einzubringen. Wer die eigenen Kompetenzen einsetzt, kann leichter Lösungen und Entlastungsansätze finden. Außerdem schützt und stärkt es Menschen, wenn sie in Problemsituationen auf ihre Stärken setzen, statt sich für ihre Schwächen zu kritisieren. Bei nur einem »Ja« sind Sie auf jeden Fall auf dem richtigen Weg, sollten aber weiter schauen, ob Sie noch mehr persönliche Stärken entdecken und einsetzen können. Wenn Sie in diesem Check gar nicht mit »Ja« geantwortet haben, sind Sie wahrscheinlich generell unsicher, was Ihre eigenen Stärken betrifft. Es könnte sich daher lohnen, sich intensiver mit diesen zu beschäftigen.

Tipp: Denken Sie an bereits gemeisterte Krisen. Welche Stärken haben Ihnen geholfen, diese zu überwinden? Beharrlichkeit? Kreativität? Optimismus? Überlegen Sie, ob diese Stärken Ihnen auch im Moment helfen könnten, mit aktuellen Problemen umzugehen.

Krisentipp: Wofür loben andere Menschen Sie? Setzen Sie diese Eigenschaft – Humor, Ruhe, Biss – demnächst bewusst ein, wenn Sie sich schwach oder angespannt fühlen, und reflektieren Sie, was sich dadurch verändert.

6 Zugehörigkeit: Fühle ich mich verbunden?

Das Gefühl, zur Welt und zu anderen Menschen zugehörig zu sein, ist ein starker Schutzfaktor für Gesundheit und Wohlbefinden. Für einige Experten ist diese Art der Sinnhaftigkeit und Verbundenheit sogar der wichtigste Faktor, um Krisen zu überstehen. Wenn Sie in dieser Liste zweimal oder häufiger »Ja« gesagt haben, dann kennen Sie die Macht der Zugehörigkeit wahrscheinlich bereits und wissen, wie Sie diese in Ihrem Leben herstellen und nutzen. Haben Sie nur einmal oder gar nicht mit »Ja« geantwortet, sind Sie in belasteten Phasen oft unsicher, oder Sie fühlen sich allein oder einsam. Das können Sie ändern, wenn Sie dem Gefühl von Sinn und Verbundenheit mehr Raum in Ihrem Leben geben. Keine Sorge: Man braucht dazu nicht unbedingt ein großes soziales Netzwerk, viele Freunde oder eine Familie. Die Psychologin Barbara Frederickson hat herausgefunden, dass man das Gefühl von Sinn und Verbundenheit bereits spürt, wenn man Unbekannte anlächelt oder einen freundlichen Kontakt mit Fremden im Alltag herstellt. Dabei ist es nicht relevant, was andere zurückgeben, sondern was man selbst aussendet. Wer immer mal wieder Verbundenheit mit anderen zeigt, fühlt sich meist viel besser. Auf Dauer kann diese Haltung sogar die Gesundheit stabilisieren.

Tipp: Machen Sie einen wöchentlichen Termin mit sich selbst, und tun Sie dann etwas, das Sie selbst schön, sinnvoll und irgendwie »erhebend« finden. Malen, Sport, Meditation, Musik, Gartenarbeit et cetera sind kleine Gewohnheiten, die Ihnen nicht nur Ihre Kräfte zurückbringen, sondern Sie in Resonanz mit der Welt bringen und Ihnen dadurch, ohne dass Sie das ganz bewusst merken, ein tiefes Gefühl von Sinn vermitteln.

Krisentipp: In schweren persönlichen Krisen neigen viele Menschen erst mal zum Rückzug und Alleinseinwollen. Doch Gemeinschaftserlebnisse können eine Stärkung sein: Je nach Situation könnte für Sie eine Selbsthilfegruppe, einige Stunden Coaching oder einfach ein gemeinsamer Abend mit Freunden, mit denen man sich wohlfühlt, passend sein. Probieren Sie es aus, auch wenn es Sie ein wenig Überwindung kostet.

COACHING

Krisenkompetenz stärken

In schwierigen Lebensphasen hilft es zu verstehen, was genau Ihnen Sorgen und Druck macht. Dann gewinnen Sie das Gefühl von Stabilität nach und nach zurück. Die Übungen in diesem Trainingsprogramm helfen Ihnen dabei.

Dauer

Wer sich in einer Krise befindet oder ängstlich ist, sollte sich nicht überfordern. Falls Sie gerade sehr belastet sind, ist es sinnvoll, sich für das Coaching bis zu acht Wochen Zeit zu lassen, also jede Woche einen der Schritte zu machen und wirken zu lassen. Wenn Sie es sich zutrauen, können Sie aber auch flotter vorgehen.

Schritt 1: Einen sicheren Ort schaffen

In Krisensituationen hilft es, sich innere und äußere Räume zu schaffen, in denen man sich wohlfühlt. Sie finden hier deshalb Anregungen für eine Fantasiereise und einige Tipps, wie Sie in Ihren vier Wänden Wohlfühlorte kreieren können.

Wer gestresst ist, fängt oft automatisch an zu kämpfen. Dadurch gerät der Körper in den Modus chronischer Anspannung. Aus dieser Alarmbereitschaft kann sich leicht Angst und Panik entwickeln. So belastet man sich zusätzlich in ohnehin schwierigen Situationen, etwa nach Trennungen oder in beruflichen Umbruchphasen. Hier sind zwei Übungen, mit denen Sie sich selbst ein Gefühl von Ruhe und Sicherheit geben können: In der einen Übung suchen Sie sich einen guten inneren Ort, in der anderen einen guten äußeren Ort. Sie können beide Übungen ausprobieren. Oder Sie suchen die aus, die Ihnen mehr Freude macht.

Übung: Ein persönlicher Ort

Die Wohnung ist gar nicht so klein – aber einen Ort, an dem Sie ungestört sein können, gibt es nicht? Dieses Problem kennen viele Menschen, die mit Familie oder Partner zusammenwohnen. Zu viele Flächen sind für alle gemeinschaftlich nutzbar. Ändern Sie das in Ihren vier Wänden jetzt, natürlich im Rahmen dessen, was möglich ist. Suchen Sie sich einen persönlichen Raum, eine Ecke zum Lesen oder einen Werk- oder Arbeitsplatz. Es muss kein ganzes Zimmer sein, in das Sie sich zurückziehen, es kann auch ein spezieller Sessel sein. Wichtig ist, dass Sie den Ort für sich so gestalten, wie es Ihnen gefällt, und dass Sie dann dort regelmäßig Zeit verbringen. Die anderen Mitbewohner müssen respektieren, dass dieser Ort für sie tabu ist.

Probieren Sie es aus. Anfangs wirkt das etwas künstlich und führt wahrscheinlich auch zu Konflikten, zum Beispiel mit Kindern – auf Dauer aber haben Sie sich einen entspannenden Zufluchtsort geschaffen.

Meditation: Ein Lieblingsplatz

Auch innere Bilder von Lieblingsorten vermitteln ein Gefühl von Wohlbefinden und Sicherheit. Suchen Sie sich einen solchen Platz mit einer Minifantasiereise: Setzen Sie sich bequem auf einen Stuhl, schließen Sie die Augen, und stellen Sie sich einen Ort vor, den Sie gern mögen und der für Sie Wohlbefinden, Entspannung und Schönheit ausstrahlt. Das kann eine Landschaft sein, am Meer oder in den Bergen, ein Ort in einem Raum, ein Haus oder eine Trauminsel. Malen Sie sich diesen Ort so detailliert wie möglich aus. Wie riecht es dort? Was für Geräusche hören Sie? Was sehen Sie? Sind Sie allein, oder ist jemand da? Bleiben Sie eine Weile an dem Ort, und genießen Sie ihn. Irgendwann öffnen Sie die Augen und beenden die Minifantasiereise. Zu diesem Lieblingsplatz können Sie immer wieder zurückkehren.

Es gibt Menschen, die können besonders gut in Bildern denken; für sie ist diese Fantasieübung leicht. Falls Ihnen die Meditation sehr schwerfällt, machen Sie lieber die erste, praktischere Übung.

Schritt 2: Stressmomente identifizieren

In jedem Alltag gibt es wiederkehrende Situationen, die Kraft geben, und solche, die einem den letzten Nerv rauben und nie funktionieren. Mit einer Tageslaufanalyse können Sie die positiven und negativen Situationen aufspüren – und schöne, energiespendende Momente gezielt verstärken.

Übung 1: Mein Tag in Plus und Minus

Belastungen entstehen laut Gesundheitspsychologen vor allem durch Situationen, in denen unklar ist, was zu tun ist, in denen man überfordert und mit mehreren zum Teil widersprüchlichen Erwartungen und Anforderungen belastet wird. Auch »Zeitverdichtungen«, also Situationen, in denen mehrere Aufgaben im gleichen Zeitfenster liegen, sind Belastungspunkte – bei genauer Analyse sind auch sie oft auf Unklarheiten zurückzuführen. Gleichzeitig gibt es in jedem Alltag entspannende Momente, die Kraft, Hoffnung und Freude geben. Allerdings ist uns oft nicht bewusst, an welchen Punkten des Tages wir Energie tanken – und was uns immer noch mehr belastet. Es ist deshalb gerade in Stresszeiten und in persönlichen Krisen sinnvoll, genau diese Belastungs- und Erholungsmomente zu identifizieren. Sie können mit diesem Wissen gezielt die Kraftquellen ansteuern und Wege finden, die Belastungen zu mindern.

Die folgende Tageslaufanalyse hilft Ihnen dabei, klarer zu sehen: Nehmen Sie sich in den nächsten Tagen eine halbe Stunde Zeit, schnappen Sie sich einen Stift und ein Blatt Papier, und machen Sie sich Gedanken über das, was Sie stresst, und über das, was Ihnen Kraft gibt. Greifen Sie dazu sehr konkret einen typischen Tag aus der vergangenen Woche heraus, und notieren Sie in einer Tabelle, welche Dinge Sie zu welcher Uhrzeit erlebt haben. Bewerten Sie anschließend die Situationen unter dem Aspekt, ob sie Ihnen eher Kraft gegeben oder den letzten Nerv geraubt haben. Tragen Sie auch diese Bewertungen in die Tabelle ein. Bewerten Sie die besonders stressigen Situationen mit zwei Minuszeichen (– –), die etwas stressigen mit einem Minuszeichen (–), die guten mit einem Plus (+) und die Highlights und sehr entspannten Momente mit zwei Pluszeichen (++).

> *»Was ohne Ruhepausen geschieht, ist nicht von Dauer.«*
>
> Ovid, römischer Dichter

Übung 2: Pluspunkte sammeln

Haben Sie Ihre Tabelle ausgefüllt und herausgefunden, welche Phasen des Tages Ihnen Kraft geben oder Kraft rauben?

Schauen Sie zunächst auf die positive Seite:

- Wo haben Sie ein Doppelplus gesetzt?
- Was ist so schön an diesen Momenten?
- Was gibt Ihnen Kraft?
- Wie könnten Sie mehr davon in Ihren Alltag bringen?

Fragen Sie sich in den nächsten Tagen, wie Sie mehr Raum für die »Pluspunkte« schaffen können, und handeln Sie auch danach. Das stabilisiert.

Stresssituationen entschärfen

Nehmen Sie sich nun die Minusseite vor, und konzentrieren Sie sich auf die einzelnen Situationen. Was genau ist so belastend an diesen Momenten?

Nutzen Sie diesen Spickzettel mit typischen Belastungssituationen und Stressmomenten im Alltag – und kreuzen Sie an, was für Sie passt. Probieren Sie auch die vorgeschlagenen Veränderungsideen zeitnah aus:

☐ **Dass alle morgens rechtzeitig das Haus verlassen, ist – besonders bei Familien mit Kindern – purer Stress.**

Ansatz zur Veränderung: abwechseln mit dem Partner, Rollen klar verteilen, wer was macht, etwas früher aufstehen und bereit sein, wenn es losgeht.

☐ **Der Arbeitstag startet sofort mit fünf verschiedenen To-do-Punkten.**

Ansatz zur Veränderung: eine halbe Stunde Puffer einbauen, früher kommen, Gespräch im Team, Rollen neu verteilen und Absprachen verändern.

☐ **Streit mit Kindern oder Partner über Hausaufgaben, Aufgaben et cetera**

Ansatz zur Veränderung: Regeln finden, Hausaufgaben an Nachhilfe delegieren, mit dem Partner beziehungsweise der Partnerin Rollen aufteilen.

☐ **Angespannte Meetings, unangenehme Menschen im Umfeld**

Ansatz zur Veränderung: Abgrenzung, sich klarmachen, was die eigene Rolle ist, sich klarmachen, was so belastend ist, einen Umgang damit suchen.

☐ **Traurigkeit aufgrund von Einsamkeit oder Erschöpfung, eher abends**

Ansatz zur Veränderung: sich mit Leidenschaften und Hobbys beschäftigen. Mit Freunden telefonieren oder treffen. Entspannungsverfahren.

Notieren Sie, wie Sie eine typische Stresssituation entspannen wollen.

Schritt 3: Zur Ruhe kommen

Viele Menschen fühlen sich permanent gestresst – und sollten mehr Pausen in den Tag einbauen. In Krisenzeiten sind solche Erholungsmomente für Sie noch wichtiger. Denn nur so gelingt es Ihnen, weitsichtig und besonnen zu handeln.

Übung 1: Es läutet

Wenn Sie in dieser Woche Schreibtischarbeit, Arbeit am Computer oder Haushaltskram über mehrere Stunden machen, stellen Sie sich einen Timer mit einem schönen Klingelton ein – und zwar so, dass er alle 60 bis 90 Minuten klingelt. Wichtig: In dem Moment, wo Sie das Klingeln hören, stehen Sie sofort auf, lassen alles stehen und liegen und machen eine kurze Pause von sieben bis zehn Minuten, im Bedarfsfall auch ein wenig länger. Sie können aus dem Fenster schauen, Tee kochen et cetera. Halten Sie sich daran, wirklich sofort aufzustehen und quasi zu üben, die Dinge in einem unfertigen Zustand kurz ruhen und auch liegen zu lassen. Auf Dauer kann man so lernen, den Ich-mach-das-eben-noch-fertig-Reflex zu durchbrechen. Dadurch wird man in einen deutlich ruhigeren Arbeitsfluss kommen.

Tipp: Wenn es für Sie auch am Arbeitsplatz möglich ist, diese Art von abrupten Unterbrechungen zu trainieren, weiten Sie die Übung auf den Job aus.

Merksatz
Je gestresster man bereits ist, desto schwerer wird es, überhaupt noch zu spüren, wann eine Pause angebracht ist. Deshalb ist bewusstes Gegensteuern sinnvoll.

Übung 2: Musik hören

Um zur Ruhe zu kommen, muss man nicht zwingend eine stille Meditation machen. Nehmen Sie sich demnächst an drei Tagen hintereinander jeweils eine Viertelstunde Zeit, um in Ruhe drei Songs zu hören, auf dem Smartphone, mit einem CD- oder Plattenspieler. Das Medium ist eigentlich nicht so wichtig, das Besondere ist eher: Tun Sie nichts, als die Musik zu hören. Verfolgen Sie einzelne Instrumente, die Melodie oder den Rhythmus, lauschen Sie genau, stehen, liegen oder sitzen Sie dabei. Musik hilft Ihnen, zu entspannen und für einige Zeit in einer Parallelwelt zu versinken. Sie werden merken: Es ist ganz einfach und macht viel Freude.

Reflektieren Sie für sich: Welche der beiden Übungen hat für Sie besser gepasst? Wobei konnten Sie sich entspannen, was hat Sie beruhigt? Führen Sie gern eine der beiden Entspannungsübungen dauerhaft fort.

Schritt 4: Innere Ressourcen nutzen

Es gibt in der Positiven Psychologie sogenannte Charakterstärken, die Menschen stabilisieren, ihnen ein gutes Gefühl geben und besonders in Krisenzeiten dazu führen, dass man wenigstens zum Teil zuversichtlich bleibt. Solche Stärken sind beispielsweise Dankbarkeit und Großzügigkeit. Sie lassen sich üben und trainieren.

Übung 1: Mehr Dankbarkeit

Sicher haben Sie schon mal von einem Dankbarkeitstagebuch gehört: Es kann in schwierigen Zeiten helfen, wenn man jeden Tag drei Dinge aufschreibt, für die man dankbar ist. Schöne Kleinigkeiten, die am Tag passiert sind, Menschen, die einem begegnet sind. Schreiben Sie nun hier ein paar Dinge auf, für die Sie dankbar sind im Alltag und im Leben. Das wird Ihnen Kraft geben.

Übung 2: Mehr Großzügigkeit

Denken Sie an drei Menschen, die Sie mögen und kennen. Notieren Sie unten die Namen, und überlegen Sie dann, was Sie an diesen Menschen so besonders schätzen. Zählen Sie auf, was Sie so gut finden, bewundern, toll finden, was Sie vielleicht schon immer mal sagen wollten. Notieren Sie das ebenfalls unten. Diese Art der Wertschätzung für andere ist ein gutes Gefühl – und signalisiert Großzügigkeit. In Krisen gibt es uns ein Gefühl von Freude und sogar Sicherheit, wenn wir »einfach so« anderen etwas geben oder ihnen gegenüber Wertschätzung zeigen.

Die Übungen aus der Positiven Psychologie wirken, wenn man sie regelmäßig praktiziert, bei allen Menschen.

Schritt 5: Persönliche Stärken verstärken

Wer sich an seinen Fähigkeiten orientiert, entwickelt mehr Kraft und Handlungsspielräume – auch in schwierigen Situationen. Es ist ein bisschen wie bei Superhelden: Keiner besitzt alle Superkräfte, jeder begegnet dem Übel auf seine eigene Art, mit seinen persönlichen Stärken. Hier entwickeln Sie ein persönliches Ressourcenprofil.

Frageliste: Das kann ich einbringen

Lesen Sie sich die folgenden Fragen in Ruhe durch, und notieren Sie Ihre Antworten auf ein Blatt Papier.

- Was sind meine Lieblingsbeschäftigungen und Lieblingstätigkeiten?
  Seien Sie bei allen Antworten präzise. (Schreiben Sie hier zum Beispiel nicht nur »Gartenarbeit«, sondern benennen Sie die Tätigkeit, die Sie so gut finden.)
- Welche klaren Unterschiede zu anderen Menschen nehmen Sie wahr?
- Wo sind Sie anders als andere?
- Was sind Ihre besten Eigenschaften und Fähigkeiten?

Wichtig: Haben Sie eine Art Muster gefunden, etwas, das Ihre besondere Fähigkeit, Originalität oder Ihr Potenzial ist? Dann schreiben Sie es auf.

Setzen Sie diese Stärke nun ganz bewusst häufiger ein, holen Sie die Besonderheiten hervor. Verlassen Sie sich darauf. Gerade in Krisen ist das besonders wichtig und stabilisierend! Stellen Sie die Fähigkeiten auch anderen zur Verfügung, wenn es sich gerade ergibt.

Schritt 6: Im Kontakt Kraft schöpfen

Wer sich belastet fühlt, braucht vor allem eins: das Gefühl, zu anderen oder zur Welt dazuzugehören. Hier können Sie ausprobieren, wie stärkend die Resonanz mit Menschen, Natur oder Kultur wirkt.

Hier finden Sie eine Übung in zwei Teilen, mit der Sie lernen können, das Gefühl der Verbundenheit in Ihrem Leben zu etablieren. Wenn Sie nicht viele Menschen um sich haben, stressen Sie sich nicht! Probieren Sie zunächst Übung 1 aus, auch dadurch entsteht eine wohltuende Resonanz.

Übung 1: Kontakt zu mir

Bei manchen sind es Kunst und Literatur, bei anderen Nähen oder Heimwerken, wieder andere lieben Autos, Fremdsprachen oder Reisen, den Garten, Kochen, Sport oder Musik. Interessen, bei denen einem das Herz aufgeht, hat so gut wie jeder – auch wenn sie etwas eingeschlafen sind. Nehmen Sie einen Zettel zur Hand und listen Sie etwa drei für Sie wichtige Hobbys oder Leidenschaften auf. Überlegen Sie, welchen davon Sie mehr Platz in Ihrem Leben geben wollen.

Gehen Sie noch ein bisschen weiter, und fangen Sie an, ein wenig zu experimentieren und konkret zu werden. Suchen Sie sich Wege, wie Sie mit Ihrer Leidenschaft verbunden bleiben. Welche Dinge könnten Sie tun? Welche Bücher kaufen? Welchen ersten kleinen Schritt machen?

Übung 2: Kontakt zu anderen

Ein langes Gespräch mit einer Freundin per Zoom. Ein Treffen mit Verwandten. Ein Plausch mit einem Nachbarn vorm Briefkasten. Probieren Sie in dieser Woche, gezielt alle sozialen Kontakte zu genießen und so zu gestalten, dass Sie von den anderen mehr mitbekommen als sonst und diese von Ihnen ebenfalls. Stellen Sie Fragen, verlieren Sie auch ein paar Sätze über eigene Sorgen und Nöte, oder bitten Sie andere um Hilfe oder einen Rat. Das warme Gefühl von Verbundenheit, das dabei entsteht, ist nicht nur »ganz nett«. Es kann die Stimmung grundlegend verändern, kann im Körper zu einer messbaren Entspannungs- und Beruhigungsreaktion führen. Probieren Sie es aus.

Tipp: Die Empfindung von Verbundenheit hat einen stärkeren Einfluss auf das eigene Wohlbefinden als die in den vergangenen Jahren häufig empfohlene Achtsamkeit oder der Rückzug in die Stille. All das ist hilfreich, ersetzt aber – gerade in Krisen – nicht die Kraft von Gemeinschaft und Zugehörigkeit.

Wie war es, gezielt in einen angenehmen Kontakt zu gehen und sich verbunden zu fühlen? Schreiben Sie ein paar Eindrücke auf!

Wichtig: Je tiefer Menschen in einer Krise sind, je schlechter es ihnen geht, desto mehr profitieren sie von dem Gefühl der Sinnhaftigkeit und Resonanz. Wenn man sehr deprimiert oder ängstlich ist, wird es allerdings ziemlich schwierig, sich aufzuraffen. Starten Sie trotzdem mit Minischritten.

Schritt 7: Akzeptanz üben

Dieses Coaching hilft Ihnen, Krisen zu meistern und chronische Belastungen abzubauen. Gerade bei Schicksalsschlägen wie Krankheit, Trennung oder bei finanziellen Turbulenzen gibt es oft eine besondere psychische Hürde zu meistern: Es fällt schwer, das Unglück, das einem zustößt, überhaupt zu akzeptieren.

Akzeptanz heißt nicht, dass man etwas angenehm findet oder gutheißt, was in Wahrheit schwierig und traurig ist. Eher geht es darum zu erkennen, dass etwas gerade Fakt ist und daher nicht zu ändern. Das kann sich auf Kleinigkeiten beziehen, zum Beispiel: »Es regnet, auch wenn es mir nicht passt.« Oder auf existenzielle Belange, zum Beispiel: »Es gefällt mir nicht, dass meine Partnerin mich verlassen hat, aber ich kann es nicht ändern.« Diese Akzeptanz ist ein notwendiger Schritt, um Krisenphasen überhaupt zu verarbeiten. Die folgenden Übungen können Ihnen helfen, die annehmende Haltung ein wenig zu trainieren.

Werkzeug: Was wäre, wenn …

Falls Sie gerade nicht in einer Lebenskrise sind: Denken Sie an eine Sache, die Sie im Moment sehr stört und die Sie so nicht hinnehmen können. Falls Sie gerade in einer tiefen Krise sind, überlegen Sie ebenfalls, was an dieser Phase Sie nicht akzeptieren können beziehungsweise was für Sie als unannehmbare Zumutung erscheint. Stellen Sie sich nun in einem nächsten Schritt die Frage: »Was würde ich fühlen und was würde ich tun, wenn ich ein Mensch wäre, der zur Akzeptanz fähig wäre?« Begeben Sie sich probehalber in die Rolle einer Person, der das Annehmen von unangenehmen Tatsachen deutlich besser gelingt. Was würde diese Person tun, denken und fühlen? Nehmen Sie sich nur eine Minute lang Zeit zu ergründen, was Sie in dieser Rolle empfinden und welche Haltung Sie einnehmen.

Ausblick: Erst wenn wir etwas akzeptieren, können wir es auch loslassen, und die Situation verändert sich vielleicht ein wenig. Dann ergibt es auch mehr Sinn, aktiv zu werden und Dinge zu modifizieren.

Wichtig: Sobald Sie das nächste Mal anfangen zu schimpfen, zu hadern und zu grübeln, warum gerade Sie in einer Krise sind, denken Sie wieder an diese Haltung einer Person, die zur Akzeptanz fähig ist. Auf Dauer trainieren Sie so, die annehmende Position einzunehmen.

Übung: Alltagsakzeptanz

Der Bus fährt vor der Nase weg. Die Heizung fällt aus. Die Pizza schmeckt einfach nicht so gut wie beim Lieblingsitaliener. In unserem Alltag sind wir mit zahlreichen kleinen Frustrationen beschäftigt, mit Dingen, die wir so einfach nicht hinnehmen wollen und nicht akzeptieren können. Darüber können sich viele Menschen aufregen. Man kann aber lernen, sich in diesen kleinen Enttäuschungen in Toleranz zu üben. Schauen Sie auf die vergangenen Tage zurück, und denken Sie an ein oder zwei kleine Enttäuschungen. Was war unzumutbar? Was wollten Sie so nicht hinnehmen? Schreiben Sie es auf.

Überlegen Sie nun, ob Sie sich dazu durchringen können, diese Dinge zu akzeptieren – obwohl Sie davon genervt oder angefasst sind. Schreiben Sie einen akzeptierenden Satz auf, der beinhaltet, dass Sie die Situation/die Gegebenheit zwar nicht mögen, aber so annehmen, wie sie ist.

Reflektieren Sie noch einmal darüber, wie es sich für Sie anfühlt, ein wenig nachzugeben und zu sagen: »Auch wenn mir das nicht passt – so ist es.«

Schritt 8: Anker im Alltag werfen

Sie haben nun zahlreiche Übungen und Strategien kennengelernt, mit denen Sie Ihr Leben krisenfester machen, Drucksituationen entzerren und Leid annehmen können. Schauen Sie, welche der Neuerungen Sie stärker in Ihr Leben einbauen wollen.

Wie geht es weiter?

Auch kleine Kniffe und Veränderungen im Alltag können stark dazu beitragen, dass Menschen sich stabilisieren und tiefe Krisen überwinden. Deshalb finden Sie hier die Liste mit allen Übungen und Tipps aus diesem Coaching. Lesen Sie diese mit Muße durch, und suchen Sie sich einen Tipp oder eine Übung aus, die Sie besonders hilfreich fanden oder die Ihnen schlicht Freude gemacht hat. Folgende Tipps haben Sie ausprobiert:

- [ ] Sich einen persönlichen Raum schaffen, an dem Sie sich entspannen können
- [ ] Einen inneren sicheren Ort finden (zum Beispiel eine Insel, einen Lieblingsplatz), an dem Sie sich gern aufhalten
- [ ] Mehr Pausen machen mithilfe eines Erinnerungsweckers
- [ ] Mehr Pausen machen, um Musik zu hören
- [ ] Eine Tageslaufanalyse mit Plus- und Minuspunkten erstellen
- [ ] Positive Momente und Kontakte fördern und stärker ins Leben holen
- [ ] Stress- und Nervmomente reduzieren – indem man Stressmomente im Familien- und Berufsalltag gezielt auflöst
- [ ] Stärken wie Optimismus und Wertschätzung nutzen, die Menschen in Krisensituationen generell stabilisieren können
- [ ] Persönliche Stärken und Fähigkeiten erkennen und diese besonders in Krisensituationen einsetzen

☐ Anderen mit dem helfen, was man selbst besonders gut kann

☐ Akzeptanz und Annehmen von schwierigen Situationen üben – indem man sich in die Rolle einer Person begibt, die das bereits kann

☐ Akzeptanz üben – indem man Alltagsfrust mehr annimmt

☐ Momente der Zugehörigkeit mit anderen Menschen schaffen

☐ Momente der Sinnhaftigkeit schaffen, indem man sich wieder mehr mit Hobbys, Interessen und persönlichen Leidenschaften beschäftigt

Haben Sie etwas in der Liste gefunden, das Sie besonders leicht umsetzbar und hilfreich fanden und das Sie gern weiterführen würden? Legen Sie sich fest, bis wann Sie diese kleine Veränderung oder Neuerung in Ihrem Alltag weiterführen wollen.

Datum: _____

Zum Abschluss geben wir Ihnen nun noch eine kurze Übung – mehr eine Gedächtnisstütze – mit auf den Weg:

Übung:
Achten Sie darauf,
dass es Ihnen gut geht

Menschen, die sehr belastet sind oder durch persönliche Krisen übermäßig gestresst sind, richten sich oft zu sehr nach außen und orientieren sich trotz ihrer Schwierigkeiten stark an den Bedürfnissen und Anforderungen anderer. Dann werden Abgabetermine wichtiger als die eigene Gesundheit, die Freundin und deren Belange wichtiger als das eigene Wohlbefinden. Falls Sie sich in diesem Muster wiedererkennen, versuchen Sie sich ab jetzt im Alltag öfter die Frage zu stellen: »Gebe ich all das, was ich anderen an Gutem, an Zuspruch und Unterstützung zukommen lasse, auch mir selbst?« Und dann versuchen Sie, sich selbst ebenso gut zu behandeln – oder sich sogar die Priorität zu geben. Entscheiden Sie sich für sich selbst. Das hat nichts mit Egoismus zu tun, sondern es handelt sich um Selbstfürsorge. Gerade wenn man sehr belastet ist oder in einer persönlichen Krise steckt, ist es wichtig, das zu lernen.

Tipp: Ein Coaching auf dem Papier ist kein Ersatz für eine psychologische Beratung oder eine Therapie. Wenn Sie gerade in einer wirklich tiefen Krise stecken, etwa den Tod eines nahen Verwandten oder eines Partners verarbeiten, in einer psychischen Notlage sind oder mit einer schweren, lebenseinschränkenden Erkrankung zu tun haben, sollten Sie eventuell

nach weiterer Unterstützung durch einen Profi
suchen.

BUCHEMPFEHLUNGEN ZUM WEITERLESEN

Helen Heinemann: *Irgendwas muss anders werden! Neue Wege aus der Erschöpfung,* Hamburg: Rowohlt, 2020.

Die Autorin und Pädagogin Helen Heinemann fasst in ihrem neuen Buch ihr profundes Wissen zusammen. In fünf Etappen entwickelt sie einen praktischen Leitfaden, wie Menschen mit Depressionen, Burn-out oder psychischen Belastungen konstruktiv umgehen und sich selbst aktiv stärken können. Empfehlenswert für alle, die in einer Krise stecken und sich wieder mehr stabilisieren wollen.

Bärbel Wardetzki: *Loslassen & dranbleiben. Wie wir Veränderungen mutig begegnen,* München: Kösel, 2019.

In Krisenzeiten und Umbruchsituationen ist es für viele Menschen schwer zu akzeptieren, dass nun Veränderungen und Neuerungen anstehen und alte Gewissheiten verloren gegangen sind. Die Psychologin Bärbel Wardetzki erklärt in ihrem Buch, wie der Veränderungs- und Verarbeitungsprozess in einem Wechselspiel aus Akzeptanz und neuer Aktivität gelingen kann. Passend für alle, die mit einer akuten Krise oder einer chronischen Belastungssituation sehr hadern und deshalb gerade leiden.

Manfred Nelting: *Schutz vor Burn-out: Ballast abwer-fen – kraftvoller leben. Entschleunigung im modernen Arbeitsalltag,* München: Goldmann, 2012.

Körper, Seele und Geist gleichermaßen stärken. Das ist ein Anliegen dieses praktischen und fundierten Sachbuchs von Manfred Nelting, der als psychosomatischer Mediziner eine Privatklinik in Bonn leitet. Seine ganzheitliche Sichtweise auf das Thema hilft Menschen, die sich durch ihre Lebenssituation an der Belastungsgrenze fühlen oder tief erschöpft sind.

KAPITEL 2

Stress reduzieren

Hektik ist Energie

Forscher entdecken die positiven Seiten von Stress:
Wenn ein Cocktail aus Hormonen wohldosiert den
Körper flutet, sind wir unschlagbar.

Von Constanze Löffler

Die Steuererklärung muss heute fertig werden, in vier Stunden geht der Flug, und die Koffer sind noch nicht gepackt. Dinge, die Helen Heinemann keinen Spaß machen, erledigt die Pädagogin gern auf den letzten Drücker. »Dann laufe ich zu Hochtouren auf, bin wach, fokussiert und blende alles andere aus«, erklärt die Gründerin des Hamburger Instituts für Burn-out-Prävention (IBP). »Mit dem Hormoncocktail aus Adrenalin und Cortisol fühle ich mich unschlagbar und bekomme alles Wichtige hin.«

Nicht jeder liebt den Stress so sehr wie die Burn-out-Expertin. Eher sehnen sich die Deutschen nach weniger Druck und Leistung. Zwei Drittel der Teilnehmer einer Meinungsumfrage im Auftrag der DAK hatten sich für 2020 vorgenommen, Stress abzubauen oder zu vermeiden. Das ist wenig überraschend; Stress gilt als Dickmacher und Schmerzverstärker. Er zerstört Herz und Hirn, macht trübsinnig und vergesslich.

Böser Stress, schlechter Stress. Aber stimmt das wirklich? Wenn Stress tatsächlich so schädlich ist, warum sind Topmanager, Extremsportler oder Kampfpilotinnen nicht dauerhaft krank? Warum gibt es Menschen wie Helen Heinemann, die unter Stress aufblühen, zu Höchstform auflaufen und sich schon auf die nächste Situation freuen, die sie an ihre Grenzen bringt?

»Seit vielen Jahren unterrichte ich Entspannungsverfahren, habe sie aber nie als einzige Lösung angesehen«, sagt die Stressexpertin. Heute ärgere sie sich fast über den Hype, der darum gemacht wird. Klar kann man sich entspannen und die Wochenenden im Wellnesshotel verbringen. Das verschafft kurzzeitiges Wohlbefinden und baut Stresshormone ab, löst aber nicht das Problem. Jedes noch so kleine Stresserlebnis wird wieder die gleichen negativen Gefühle hochspülen. Genau diese Ängste rund um Stress und Belastung haben das Potenzial, uns krank zu machen, zeigen Studien. So werden Studenten, die glauben, dass verstärkter Stress in Prüfungsperioden schädlich ist, tatsächlich häufiger krank als jene, die den Stress als förderlich empfinden. Der Weg müsse deshalb ein anderer sein, meint auch die Hamburger Fachfrau. »Wir machen uns das Leben leichter, wenn wir Stress als etwas grundsätzlich Positives erkennen.«

Dass Stress seine guten Seiten hat, kann Oliver T. Wolf von der Ruhr-Universität Bochum nur bestätigen. »Stress hat einen entscheidenden Einfluss auf Lern- und auf Erinnerungsprozesse«, sagt der Kognitionspsychologe. Da sozialer Stress erwiesenermaßen unsere Stresssysteme besonders stark hochfahren lässt, setzt Wolf bei solchen Studien häufig den

Trier Social Stress Test (TSST) ein: Die Probanden müssen sich vor einem strengen Auswahlgremium um einen Job bewerben. Dabei wissen die Studienteilnehmer nicht, dass die Prüfer die Anweisung haben, emotionslos zu schauen, kritische Fragen zu stellen, also schlicht alles zu tun, damit der Proband sich stark unter Druck gesetzt fühlt. »Der anschließende Gedächtnistest zeigte: Die gestressten Probanden hatten sich die Gegenstände auf dem Tisch der Versuchsleiter besser gemerkt als nicht gestresste«, erklärt Wolf. »Stress kann also beim Lernen helfen.« Aus vielen Studien mit Menschen und Tieren weiß man heute, dass dafür die Stresshormone verantwortlich sind: Adrenalin und Noradrenalin erhöhen unsere Wachheit und fördern gemeinsam mit Cortisol, dass sich das neu Gelernte im Gehirn verfestigt.

Interessanterweise haben die Stresshormone auch gegenteilige Effekte auf das Gehirn des Menschen: Sie helfen uns zu vergessen. Diesen Umstand machen sich beispielsweise Psychologen bei der Therapie von Traumata und Ängsten zunutze. Der Neurowissenschaftler Dominique de Quervain von der Universität Basel verabreichte etwa Spinnenphobikern eine Stunde vor einem Konfrontationstraining das Stresshormon Cortisol. Einen Monat später reagierten diese Patienten weniger ängstlich auf die Achtbeiner als jene, die nur das Scheinmedikament bekommen hatten.

Ermutigt von seinen ersten Experimenten mit Angstpatienten, gab der Schweizer Forscher auch Herzpatienten, bei denen eine schwere OP anstand, Cortisol in Dosen, die der Körper normalerweise unter Stresszuständen erreicht. Herzoperationen sind dafür bekannt, dass sie bei den Patienten häufig große Ängste auslösen. Verglichen mit den Patienten, die eine Scheinarznei erhalten hatten, ging es den Cortisolpatienten im Nachhinein wesentlich besser: Sie waren direkt nach dem Eingriff weniger gestresst, zeigten im Verlauf geringere Stresssymptome und fühlten sich ein halbes Jahr nach der Herzoperation insgesamt besser. Im Umkehrschluss heißt das nichts anderes, als dass Stresshormone die schädigende Wirkung von Stress umkehren.

Und das sind noch längst nicht alle positiven Effekte. Markus Heinrichs, Leiter der psychotherapeutischen Hochschulambulanz für stressbedingte Erkrankungen an der Universität Freiburg, hat gezeigt, dass wir durch Stress auch sozialer werden können. Außer Hormonen wie Adrenalin und Cortisol kann der Organismus in anstrengenden Phasen nämlich Oxytocin ausschütten. Das Hormon ist vor allem bekannt dafür, bei Eltern und Kindern oder unter Partnern Nähe und Bindungen zu schaffen. Es puffert aber auch die menschlichen Reaktionen auf sozialen Stress.

Heinrichs und sein Team führten ein Experiment durch, bei dem Paare Oxytocin per Nasenspray oder ein Scheinmedikament bekamen. Danach mussten sie einen Konflikt miteinander austragen. Der Freiburger Forscher beobachtete ihre Körpersprache und maß wiederholt den Cortisolspiegel im Speichel. Die Paare mit Oxytocin schauten sich öfter in die Augen und waren ihrem Partner auch ansonsten zugewandter. Die Cortisolwerte als Zeichen der Stressreaktion waren bei ihnen niedriger. »Dank Oxytocin können wir uns in Stresssituationen besser in andere hineinfühlen, zeigen mehr Mitgefühl und Empathie«, erklärt Heinrichs den

Zusammenhang zwischen dem Verhalten seiner Probanden und dem Stresshormon.

Das Hormon kann offenbar auch die Stress lindernden Effekte einer Freundschaft steigern. Die Teilnehmer einer weiteren Studie durften einen engen Freund ins Freiburger Labor mitbringen. Er unterstützte sie bei der Vorbereitung auf den anstrengenden TSST. Vor dem Stresstest bekam die eine Hälfte der Probanden Oxytocin-Nasenspray, die andere nur eine Salzlösung. Geringere Cortisolspiegel im Speichel waren später ein Indiz dafür, dass die Probanden dank des Freundes von der Bewerbungssituation weniger gestresst waren.

Besonders niedrige Werte wiesen dabei jene Teilnehmer auf, die zuvor Oxytocin bekommen hatten. Die niedrigeren Cortisolspiegel zeigten sich auch im Verhalten während des Bewerbungsgesprächs: Die Teilnehmer waren trotz der unangenehmen Situation wesentlich entspannter. Oxytocin gilt Heinrichs zufolge als Mittler dieser stressschützenden Effekte. »Das Hormon erleichtert es uns, Hilfe und Unterstützung von anderen anzunehmen.«

Nicht nur auf unsere Psyche, Leistungsfähigkeit und Verbundenheit mit anderen kann Stress eine positive Wirkung haben. Kurzfristiger Stress über Minuten oder Stunden feuert auch die Immunabwehr an: eine Runde Joggen, ein Saunabesuch, die vorverlegte Deadline – und schon schwimmen im Blut vermehrt Zellen und Abwehrstoffe. Der US-amerikanische Verhaltens- und Stressforscher Firdaus Dhabhar fand heraus, dass nach einer kurzfristigen Stressreaktion Wunden schneller heilen und sogar Antibiotika oder eine Antitumor-Therapie besser wirken. Zurückzuführen ist dieser

Effekt unter anderem auf die Zunahme weißer Blutkörperchen, die den Immunschutz erhöhen. In seinen Experimenten verglich Dhabhar die Wirkung einer Impfung, wenn ein Proband vorher auf dem Ergometer strampelte, sodass sein Stresssystem anspringt, oder aber nichts tat. In der Tat verbesserte der Sport die Immunantwort.

Im Zusammenspiel aller körperlichen und psychischen Reaktionen ist Stress damit eine Art Kraftwerk, das es dem Menschen überhaupt erst ermöglicht, Ziele, tägliche Herausforderungen und wohl auch soziale Situationen zu meistern und an ihnen zu wachsen. Firdaus Dhabhar erklärte schon vor Jahren, dass die Natur uns nicht deshalb mit Stressreaktionen ausgestattet habe, um uns zu schaden, sondern vielmehr, um unsere Überlebenschancen, unsere Gesundheit, Heilung und Leistungsfähigkeit zu verbessern.

Dieses Wissen kann schon einen großen Unterschied für den eigenen Alltag bedeuten: Wenn sich die innere Einstellung zum Stress verändere, empfänden wir Stress anders, sagt die US-Psychologin Alia Crum von der Stanford University in Kalifornien. Dafür reichten schon drei dreiminütige Videos, die Crum Probanden in ihren Studien vorspielte. Darin erklärt ein Experte, unterlegt von wissenschaftlichen Beweisen, dass Stress Gesundheit, Lernen und Fortkommen sowie die Leistungsfähigkeit verbessere. Die Gruppe, die sich diesen Film ansah, zeigte in einem späteren Stresstest geringere Cortisolwerte als jene, die Videos über die schädlichen Folgen von Stress gesehen hatte. Crums Fazit: Menschen, die glauben, dass Stress ihnen hilft, empfinden die gleichen Belastungen positiver als jene, die davon nicht überzeugt sind.

Jeder, der für etwas brennt, ob Job, Hobby oder Familie, kennt das Gefühl, voll gefordert und gestresst zu sein. Würden wir deshalb darauf verzichten wollen? Nein, natürlich nicht! Denn die Dinge, die uns etwas bedeuten, fordern uns heraus, schieben Entwicklungen und Wachstum an. Menschen scheinen letztlich eher dafür gemacht zu sein, sich zu fordern, als sich ständig zu schonen.

Der Gesundheitswissenschaftlerin Kelly McGonigal von der Stanford University erklärte jede zweite von ihr befragte Führungskraft, dass sie die beste Leistung bringe, wenn sie unter Stress stehe. McGonigal geht davon aus, dass die Manager Stress eher als Herausforderung und nicht als Problem betrachten, dem sie ausgeliefert gegenüberstehen. »Mit dem Überstehen stressiger Momente wird uns klar, dass wir Herausforderungen des Lebens bewältigen können, dass Situationen, die zunächst überfordernd scheinen, uns motivieren und nach vorne bringen«, schreibt McGonigal in ihrem Buch »Glücksfaktor Stress«.

Ob Stress uns belastet oder glücklich macht, hat Burn-out-Expertin Heinemann zufolge auch damit zu tun, welche Wirkung man mit seinen Aktivitäten oder der Beschäftigung mit der Stresssituation erzielt. Befriedigend und stärkend ist Stress, bei dem wir uns als wirkungsvoll und tatkräftig empfinden – und das Gefühl haben, dass unser Tun dazu verhilft, ein erstrebenswertes Ziel zu erreichen. »Es geht darum, die Stresssituationen vollen Herzens anzunehmen, für die man sich entschieden hat, weil sie einem wichtig sind«, erklärt Heinemann.

In ihren Kursen lernen die Menschen seitdem zu erkunden, was ihnen wirklich wichtig ist – um dann wieder Musik zu machen, mit dem Partner auszugehen oder sich für eine Weiterbildung zu entscheiden. Die Stressexpertin ist sich sicher: Wenn ich auf das Wozu eine gute Antwort habe, verliert das volle Leben seinen Schrecken; Stress wandelt sich zu etwas Positivem.

Helen Heinemann wird darum auch die nächste Steuererklärung erst auf den letzten Drücker erledigen. Ist die Deadline eingehalten, lobt sich die Stressexpertin lieber selbst. Sie mag das Gefühl, mit voller Konzentration und schnellstmöglich ihr Ziel erreicht zu haben. Die Gewissheit, es wieder geschafft zu haben, mache sie glücklich, erklärt Heinemann. »Es fühlt sich toll an, so schnell und effizient zu sein. Und die anderen bewundern mich noch dafür.«

»Ein sinnhaftes Leben ist stressig«

Nur wenn wir ihn für schädlich halten, schadet er uns auch – warum die Psychologin Kelly McGonigal für eine positive Haltung zum Stress plädiert.

Ein Interview von Carola Kleinschmidt

SPIEGEL: Ms McGonigal, wann waren Sie das letzte Mal so richtig gestresst?

McGonigal: Als ich in den Nachrichten wieder mal einen Bericht über die verzweifelte Jugend Amerikas sah. Das stresst mich.

SPIEGEL: Und was tun Sie dann?

McGonigal: Wenn ich merke, wie der Stress mich packt, mein Herz klopft und meine Hände feucht werden, schalte ich um. Ich gehe nicht weiter in die Verzweiflung hinein, sondern ich mache mir klar: Ich bin gestresst, weil es mir wichtig ist, wie es unserer Jugend geht. Und das ist gut so. Ich spreche als Gesundheitspsychologin oft mit Jugendlichen über die positiven Seiten von Stress – denn eine Haltungsänderung kann ihr Leben verbessern.

SPIEGEL: Immer mehr Menschen stöhnen unter der Last des Alltags und werden krank durch Stress. Sie erklären hingegen, dass Stress gut ist. Wie kommen Sie darauf?

McGonigal: Eine große Studie hat mich zum Nachdenken gebracht. Wissenschaftler verglichen die Daten von 30 000 Amerikanern aus einer offiziellen Gesundheitsumfrage mit der Sterbestatistik acht Jahre später. In der Umfrage hatte man den Menschen unter anderem die Frage gestellt, ob sie glauben, dass Stress ihrer Gesundheit schade. Die Menschen mit hohem Stresspegel hatten ein um 43 Prozent erhöhtes Sterberisiko – allerdings nur diejenigen, die Stress für schädlich gehalten hatten.

SPIEGEL: Was schließen Sie daraus?

McGonigal: Dass nicht der Stress selbst uns krank macht, sondern wie wir ihn bewerten. Wenn wir denken, dass Stress uns schadet, wird er genau das tun. Sie können mir glauben, dass ich von der Idee selbst überrascht war. Aber die Hinweise waren deutlich. Die Personen, die zwar von viel Stress berichteten, diesen aber nicht als schädlich einordneten, hatten ein extrem niedriges Sterberisiko. Offensichtlich war nicht der Stress allein gesundheitsschädlich, sondern die Kombination aus dem Vorhandensein von Stress und der Überzeugung, dass Stress krank macht.

SPIEGEL: Aber jeder Mediziner wird Ihnen bezeugen, dass zu viel Stress ungesund ist, den Blutdruck hochtreibt und das Risiko für einen Herzinfarkt erhöht.

McGonigal: Das ist immer noch die verbreitete Lehrmeinung. Und es war damals auch nur eine Studie, die diesen Zusammenhang nahelegte. Trotzdem ließ mich die Idee nicht mehr los, dass es eine Rolle spielt, wie wir über Stress denken. Deshalb ging ich auf die Suche nach weiteren Belegen. Und ich wurde fündig: Ich stieß auf die sogenannte Mindset-Forschung.

SPIEGEL: Was versteht man darunter?

McGonigal: Mindset bedeutet so viel wie Denkweise oder Perspektive. Mindsets funktionieren wie ein Filter, durch den wir die Welt betrachten. Sie beruhen in der Regel auf einer These, wie die Welt funktioniert, zum Beispiel dass Geld glücklich macht oder dass hinter allem ein tieferer Sinn steckt. Oder eben dass Stress schädlich ist. Wird das Mindset aktiviert, löst es eine Flut von Gedanken, Gefühlen und Vorstellungen aus, die unsere Antwort auf eine Situation entscheidend prägen. Hier liegt der Schlüssel für einen neuen Umgang mit Stress.

SPIEGEL: Das müssen Sie genauer erklären.

McGonigal: Wir kennen den enormen Einfluss von Mindsets auf unsere Gesundheit und Lebensdauer. Nehmen wir ein Beispiel aus der Altersforschung: Menschen, die eine positive Einstellung zum Altern haben, leben im Schnitt siebeneinhalb Jahre länger als Menschen mit einer negativen. Die Wissenschaft erklärt sich den Mechanismus so: Wer negativ über das Alter denkt, wird jede Erkrankung oder Schwierigkeit hinnehmen. Er sagt sich resigniert: Das ist eben das Alter, da kann man nichts machen. Dieser Mensch hört auf, sein Leben zu gestalten. Das verschlimmert Krankheiten, Einsamkeit und vergrößert alle möglichen Probleme. Die Menschen, die positiv über das Altern denken, hören nicht auf, sich um sich zu kümmern. Genau deshalb leben sie länger.

SPIEGEL: Und mit dem Stress verhält es sich ähnlich?

McGonigal: Ja, davon bin ich fest überzeugt. Sehen Sie: Derzeit glauben die meisten Menschen noch, Stress sei schädlich. Diese Wahrnehmung führt dazu, dass man versucht, stressige Situationen zu vermeiden, oder sich darüber ärgert, wenn das Leben gerade stressig ist. Die Alternative, das »Stress ist förderlich«-Mindset, sieht Stress vor allem als ein Zeichen dafür, dass einem eine Sache wichtig ist, dass man möchte, dass sie gelingt. Deshalb aktiviert der Körper seine Kräfte in Form einer Stressreaktion. Menschen mit einer positiven Einstellung zum Stress nutzen die freigesetzte Energie, um zu handeln.

SPIEGEL: Wie kann ich denn ganz praktisch meine Haltung zu Stress ändern? Wenn ich mit den Flüchtlingen dieser Welt leide oder mir Sorgen um meine pubertierende Tochter mache: Wie gewinne ich diesem Stress etwas Positives ab?

McGonigal: Im ersten Schritt geht es darum zu akzeptieren, dass uns eine Situation stresst. Dazu gehört Mut. Denn wir müssen uns den negativen Gefühlen stellen, die auftreten, wenn wir spüren, dass eine Sache auf dem Spiel steht, die uns wichtig ist. Ich möchte, dass meine Tochter glücklich ist oder dass weniger Flüchtlinge leiden. Und ich sorge mich, ob dies gelingen wird.

SPIEGEL: Und dann?

McGonigal: Im zweiten Schritt geht es darum, sich auf seine Werte zu besinnen – denn sie geben uns Orientierung dafür, was wir tun wollen, um dem Stress zu begegnen. Ist mein wichtigster Wert Liebe oder Eigenständigkeit? Danach frage ich mich, welches Ziel aus diesem Wert folgt. Wer ein Ziel hat, verändert jeden Stress zum Positiven.

SPIEGEL: Aber oftmals wird man ein Problem nicht so einfach lösen können, oder?

McGonigal: Es ist sehr wichtig, eine klare Richtung zu haben und dann in kleinen, konkreten Schritten vorzugehen. Ich gestehe mir ein, dass ich nicht in die Zukunft meiner Tochter schauen kann. Doch ich schicke ihr jetzt eine SMS, um ihr zu zeigen, dass ich für sie da bin. Und wenn ich möchte, dass die Flüchtlingskrise eine gute Wende nimmt, muss ich mir klarmachen, dass ich die Krise nicht allein stoppen kann. Aber ich kann mich in der Flüchtlingshilfe engagieren oder eine andere bedürftige Person dabei unterstützen, ihr Leben zu verbessern. So vertrete ich meine Werte sehr konkret und wandle meinen Stress in etwas Gutes.

SPIEGEL: Das reicht schon?

McGonigal: Ja. Wenn Sie anfangen, Ihren Stress anzunehmen und aktiv mit ihm umzugehen, statt zu versuchen, ihm aus dem Weg zu gehen oder ihn zu ignorieren, wird sich vieles verändern – auch auf lange Sicht.

SPIEGEL: Ist das Wunsch oder Tatsache?

McGonigal: Eine Tatsache! Und es gibt viele Studien, die diese stützen. Ein Beispiel: Eine gerade erschienene Studie des Stanford University Medical Center zeigt, dass Kinder, die an chronischen Schmerzen leiden, besser mit ihrer Erkrankung zurechtkommen, wenn sie ihren Stress als Möglichkeit sehen, etwas zu lernen und sich persönlich zu entwickeln. Sie können besser Hilfe annehmen und sehen deutlicher die Fortschritte, die sie machen. Eine andere Studie zeigt, dass Teenager, die im Stress auch Vorteile erkennen, schwierige Lebenssituationen besser verarbeiten als Jugendliche, die

Stress strikt als negativ ablehnen. In letzter Zeit häufen sich diese Befunde.

SPIEGEL: Für uns Deutsche ist die Arbeitswelt der Stressor Nummer eins. Viele Unternehmen bieten inzwischen Stressprävention an. Sollte man in solchen Programmen mehr über die positiven Seiten von Stress sprechen?

McGonigal: Ich bin skeptisch, ob Unternehmen diese Rolle im Leben eines Angestellten übernehmen sollen und können. Ich glaube eher, dass jeder Einzelne seine Werte und Ziele selbst formulieren und in alle Bereiche seines Lebens hineintragen muss. Außerdem zeigt mir manchmal der Stress bei der Arbeit, dass dort ein schädliches Klima herrscht und ich mich vielleicht nach einem anderen Job umsehen sollte – und mich nicht schlecht fühlen muss, weil ich den Stress nicht positiv umdeuten kann.

SPIEGEL: Heißt das, der gute Umgang mit Stress ist eine rein individuelle Aufgabe?

McGonigal: Natürlich haben die Unternehmen auch eine Verantwortung. Neue Studien zeigen, dass Manager, die eher positiv über Stress denken, bessere Führungskräfte sind. Sie glauben daran, dass Menschen wachsen, sich entwickeln und aus Fehlern lernen. Diese Manager geben ihren Leuten besseres Feedback und fühlen sich mitverantwortlich dafür, dass sie ihre Aufgaben bewältigen können. Sie schaffen Möglichkeiten, damit jeder das Gefühl hat, etwas zum großen Ganzen beizutragen. Deshalb sollten nicht Manager ihren Mitarbeitern Kurse in Stressprävention verordnen, sondern sie sollten selbst an den Kursen teilnehmen und ihren Führungsstil verändern.

SPIEGEL: Sie haben diese ganzen Studien gesammelt und in einem Buch zusammengetragen, das vor Kurzem auf Deutsch herausgekommen ist. Warum ist Stress Ihr großes Thema geworden?

McGonigal: In den USA erleben wir gerade eine enorme politische und wirtschaftliche Krise. Viele Menschen sind dadurch gestresst. Und viele entscheiden sich, sich vor dem Stress in Alkohol, Drogen oder Ignoranz zu flüchten. Oder sie geben komplett auf; die Suizidrate steigt. Die ganze neue Forschung zeigt uns aber, dass es einen besseren Weg gibt, mit Stress umzugehen. Und die Menschen wachen langsam auf. Erst einige Jahre nachdem mein Buch herausgekommen war, stiegen die Verkaufszahlen. Plötzlich erscheinen Artikel über die positiven Seiten von Stress. Mehr und mehr Menschen denken um.

SPIEGEL: Wie gut ist denn Ihr eigenes Stressverhalten?

McGonigal: Das Schwierigste für mich ist es, mich zwischen einer mutigen, wenngleich stressigen Option und der persönlichen Bequemlichkeit zu entscheiden. Inzwischen ist für mich aber klar, dass ich lieber ein stressiges Leben führen möchte als eines, in dem ich mich zwar im Moment wohlfühle, aber letztlich all die Dinge bereue, die ich nicht getan habe und die mir wichtig gewesen wären. Also steige ich trotz voller Terminpläne und Verpflichtungen in den Flieger, um meine Eltern in New Jersey zu besuchen, auch wenn mich das anstrengt. Dafür habe ich sogar meine Flugangst überwunden – auch so ein Stress, den ich in einen Lernerfolg umwandeln konnte. Ein sinnhaftes Leben ist einfach ein stressiges Leben, geprägt von Herausforderungen, an denen ich wachsen und über die ich meine Werte leben kann.

Verstehen Sie Stress?

Grantig oder gelassen: Mit diesem Check finden Sie heraus, wie gut Sie mit Druck und Hektik umgehen können.

Zu viel zu tun. Zu wenig Zeit, um zu erledigen, was auf der Agenda steht. Zu wenig Muße, um sicher zu sein, dass das Ergebnis auch stimmt. Zu viele Ansprüche, die andere stellen. Solche Stresssituationen kennen wir alle. »Ob uns Stress in bestimmten Lebenslagen überrollt, hat auch damit zu tun, wie wir innerlich mit Druck oder Sorgen umgehen«, sagt die Psychologin Julia Scharnhorst, die Unternehmen in Fragen zum betrieblichen Gesundheitsmanagement berät. Wer die Ursachen für seine Anspannung verstehen will, sollte daher nicht nur äußere Faktoren wie die Arbeitsbelastung, sondern auch persönliche Denk- und Verhaltensmuster in den Blick nehmen. Mit den folgenden Checklisten können Sie prüfen, an welchen Stellen Sie mit belastenden Situationen geschickt umgehen – und wo es hakt. Im Auflösungsteil finden Sie Anregungen, wie Sie für sich persönlich günstigere Sichtweisen oder Verhaltensmuster entwickeln und hausgemachten Stress in Zukunft vermeiden können.

Mehr Wissen

Der Psychologe Brian Little von der University of Cambridge ist überzeugt, dass jeder über sich hinauswachsen und die Grenzen der eigenen Gewohnheit und des eigenen Ichs sprengen kann. Er vergleicht die Persönlichkeit mit einem Musikstück. Obwohl Tonhöhe und Rhythmus vorgegeben sind, hat der Musiker eine Menge Interpretationsspielraum. Ganz ähnlich sei der Mensch in der Lage, seine Persönlichkeit zu variieren, meint Little: Neben dem angeborenen Naturell und den Charakterzügen, die sich im Zusammenspiel mit der Umwelt herausbilden, verfüge jeder auch über »freie Eigenschaften«, über deren Einsatz er bewusst entscheiden könne.

Aufgabe

Beantworten Sie die Aussagen auf den folgenden Listen mit »Ja« oder »Nein«. Wenn Sie sich nicht sicher sind, wählen Sie die Antwort, die eher passt. Zählen Sie alle »Ja«-Antworten zusammen, notieren Sie die Zahl im Extrakästchen.

1

	Ja	Nein
Bevor ich anderen lange eine Aufgabe erkläre, erledige ich sie lieber selbst.	☐	☐
Meine Meinung: Was man anpackt, soll auch hundertprozentig erledigt werden.	☐	☐
Ich versuche häufig, es allen recht zu machen.	☐	☐

	Ja	Nein

Letztlich muss jeder mit seinen Problemen allein fertigwerden.

Was man verspricht, muss man auch halten. Deswegen Termine zu verschieben geht gar nicht.

Ergebnis: _____ x Ja

2

Veränderungen gehören zum Leben dazu, darauf stelle ich mich ein.

Auch wenn ich es anfangs nicht absehen konnte: Aus schwierigen Situationen habe ich oft etwas dazugelernt.

Im Vergleich mit anderen Menschen geht es mir doch gut.

Bislang habe ich alle Probleme irgendwie gelöst. Ich glaube schon, dass mir das auch in Zukunft gelingt.

Ja   Nein

Wenn andere Menschen eine andere Meinung vertreten, sehe ich das meistens als interessante Berei-
cherung an.

Ergebnis: _____ x Ja

3

Wenn mir etwas zu viel wird, kann ich anderen gegenüber klare Grenzen ziehen.

Bei meiner Planung lasse ich mir oft einen Zeitpuffer für unvorhergesehene Aufgaben.

Falls meine Chefin mir neue Aufgaben übertragen
will, bitte ich oft erst einmal um eine Bedenkzeit,
bevor ich zusage.

Ich habe keine Probleme damit, Arbeiten an andere zu delegieren, wenn ich zu viel zu tun habe.

Ich kann Prioritäten setzen und Dinge auch liegen
lassen, wenn die Zeit drängt.

Ergebnis: _____ x Ja

4

	Ja	Nein

Ich weiß genau, wie ich körperlich auf zu viel Stress reagiere. ☐ ☐

Wenn ich merke, dass ich andere ungerechtfertigt und gereizt kritisiere, weiß ich, dass ich im Stress bin. ☐ ☐

Wenn andere Menschen mich darauf hinweisen, dass ich erschöpft und gereizt wirke, nehme ich das ernst. ☐ ☐

Manchmal stelle ich fest, dass ich mir keine Zeit mehr für Pausen gönne. Dann steuere ich bewusst gegen. ☐ ☐

Wenn ich feststelle, dass ich unkonzentriert und unproduktiv werde, richte ich mich danach, etwa indem ich etwas früher Schluss mache. ☐ ☐

Ergebnis: _____ x Ja

5

	Ja	Nein

Wenn starker Zeitdruck herrscht, mache ich eben keine Mittagspause.

Um erkrankte Kollegen zu vertreten, springe ich selbstverständlich ein.

Damit ich nicht in Zeitdruck komme, fange ich morgens manchmal eine halbe Stunde früher mit der Arbeit an, auch wenn das nicht bezahlt wird.

Meine Pause verbringe ich oft am Arbeitsplatz und esse dort oder surfe im Netz.

Ich erledige einige Aufgaben zu Hause am Feierabend, da habe ich zumindest meine Ruhe.

Ergebnis: _____ x **Ja**

6

Ich tue viel dafür, dass eine gute Stimmung im Team herrscht.

Ja   Nein

Bei der Arbeit suche ich mir immer wieder Aufga- ☐ ☐
ben, die mir richtig Spaß machen.

Ich weiß, dass meine Arbeit sinnvoll ist und auch ☐ ☐
einen Wert oder Nutzen für andere Menschen hat.

Manchmal besuche ich Fortbildungen – um auf ☐ ☐
dem aktuellen Stand zu sein und Dinge zu lernen,
die meinen Stärken entsprechen.

☐ ☐

Zu meinem Chef pflege ich ein gutes Verhältnis.

Ergebnis: _____ x Ja

1 Innere Antreiber: Wie perfektionistisch bin ich?

Haben Sie in dieser Checkliste dreimal oder häufiger mit »Ja« geantwortet, gehören Sie wahrscheinlich zu den Menschen, die von »inneren Antreibern« geleitet werden. Dieser Begriff aus der Psychologie besagt, dass man hohe bis höchste Maßstäbe an sich selbst legt, die eigene Leistung streng bewertet und sich Vorwürfe macht, sobald etwas suboptimal läuft. Kurz: Auch kleine Fehler werden schnell zu einer großen Belastung. Das hat natürlich Auswirkungen darauf, wie man Stress erlebt. Perfektionistische Typen leisten zwar viel, sind aber dennoch oft unzufrieden und angespannt. Falls Sie sich in dieser Beschreibung wiederfinden, kann es für Sie entlastend sein, Ihre Ansprüche zu hinterfragen – und zu relativieren. Wie das gelingt? Versuchen Sie in Momenten, in denen Sie angeblich etwas verpatzt haben, genauer auf Ihre innere Stimme zu achten: Werden Sie hellhörig, wenn Sie kleine Fehler innerlich mit strengen Formulierungen wie »Das muss aber …« oder »Das ist das Mindeste …« kommentieren. Hier bringt die Antreiberstimme Sie dazu, sich selbst unter Druck zu setzen. Halten Sie in solchen Momenten inne. Versuchen Sie, den starren Regeln des Antreibers etwas entgegenzusetzen. Oft hilft es schon, die inneren Sätze umzuformulieren, sie freundlicher und weniger absolut zu gestalten, etwa »Ich will, aber ich muss nicht« oder »Es kann auch anders gehen, nämlich so …«. Dies kann Sie im Alltag entlasten. Erlauben Sie sich außerdem bei Zeitdruck auch mal ein Arbeitsergebnis, das vielleicht nicht perfekt ist, aber gut genug. Gerade unter Zeitdruck können Sie nicht immer optimale Ergebnisse liefern.

Tipp: Lernen Sie, im Privatleben zu delegieren. Überlegen Sie, was Sie sich aufbürden, weil angeblich nur Sie es wirklich gut machen. Und dann handeln Sie: Kündigen Sie an, welche Freizeitposten (Elternvertreter, Kassenwart) Sie im nächsten Jahr nicht mehr übernehmen werden. Oder geben Sie Dinge wie Putzen und Gartenarbeit an Dienstleister ab. Wenn Sie nur eine Sache abgeben, kann das viel verändern: auch weil Sie dann die Erfahrung machen, dass es schön sein kann, sich helfen zu lassen.

2 Einstellung zu Stress: Wie pessimistisch bin ich?

Auf Druck und Probleme reagieren Sie wahrscheinlich eher optimistisch, wenn Sie hier dreimal oder häufiger mit »Ja« geantwortet haben. Ihre positive Haltung ist im hohen Maße stressprotektiv. Denn wer in Hektik- und Krisenphasen nicht sofort das Negative sieht, wer daran glaubt, dass sich Probleme schon irgendwie lösen lassen, der fühlt sich oft auch in stürmischen Zeiten kaum belastet. Bewahren Sie sich also die optimistische Sicht! Haben Sie hier dagegen eher selten »Ja« angekreuzt, reagieren Sie auf Zeitdruck oder andere Stressoren wahrscheinlich öfter mit Schwarzseherei. Das ist menschlich, führt aber erwiesenermaßen dazu, dass man sich quasi ohne konkreten Grund unter Stress setzt. Oft steigt durch Katastrophenfantasien sogar die Konzentration von Stresshormonen im Blut. Deshalb kann es sich für Sie lohnen, ganz konkret beim Katastrophenkino im Kopf anzusetzen. Wie das geht? Wenn Sie in einer alltäglichen Belastungssituation sofort grundsätzliche Schlüsse ziehen, etwa »Das hier wird mich den Job kosten« oder »Diese Person will mich fertigmachen«, dann versuchen Sie, mit einem einfachen Trick dagegen anzugehen: Überlegen Sie, ob Sie sich an diese Situation im nächsten Jahr überhaupt noch erinnern werden. Falls nicht, erlauben Sie sich, auch jetzt keinen weiteren Gedanken daran zu verschwenden.

Tipp: Optimisten glauben nicht, dass es keine Probleme gibt. Doch die meisten sind davon überzeugt, dass sie die Fähigkeit haben, Probleme zu bewältigen. Diese »Selbstwirksamkeit« ist ein Stresspuffer. Und man kann sie mit Übungen stärken: Machen Sie sich etwa klar, welche Probleme Sie im Laufe der Jahre überwunden haben: eine Ausbildung abgeschlossen? Schwere Projekte gestemmt? Trauerphasen durchlebt? Machen Sie sich einen Merkzettel mit drei kritischen Phasen, die Sie gemeistert haben!

Umgang mit Druck: Wie umsichtig plane ich?

Vorausschauend planen. Sich nicht zu viel vornehmen. Wissen, was wirklich wichtig ist. Wenn Sie in dieser Checkliste **dreimal oder häufiger mit »Ja« geantwortet** haben, haben Sie in Sachen realistischer Zeitplanung wahrscheinlich große Kompetenzen: Das ist im Umgang mit Stress natürlich ein riesiges Plus. Durch Ihren gesunden Überblick und Ihre Fähigkeit, sich abzugrenzen und Ihre Kapazitäten richtig einzuschätzen, geraten Sie wahrscheinlich seltener in den Stress-Schleudergang als andere. Bauen Sie also auch weiterhin auf diese Ressource. Haben Sie in dieser Liste dagegen weniger als dreimal »Ja« angekreuzt, sind Sie wahrscheinlich ein Typ, der sich verzettelt. Ob Sie eher ein kreativer Chaot sind, der schlecht organisieren kann, oder ob Sie aus Unsicherheit und dem Wunsch, es allen recht zu machen, zu selten Nein sagen, ist dabei zweitrangig. In beiden Fällen hilft es, sich ganz klassisch mit Zeitmanagement zu beschäftigen: Lernen Sie, Zeitpuffer in Ihren Alltag einzubauen, Projekte zu priorisieren und immer erst in den Kalender zu schauen, bevor Sie etwas zusagen.

Tipp: Wer häufiger und beherzter Nein sagen will, sollte vor allem eines: die eigenen Grenzen kennen. Machen Sie sich deshalb in einer stillen Stunde klar, wo etwa im Arbeitsleben Ihre persönliche Schmerzgrenze liegt: Wie viele Überstunden pro Monat sind okay? Unter welchen Umständen vertreten Sie oder springen ein? Wahren Sie diese Grenze dann gegenüber Vorgesetzten und Team.

 ## Belastungssignale erkennen: Wie gut spüre ich meine Grenzen?

Wenn Sie bei dieser Liste **dreimal oder häufiger mit »Ja« geantwortet** haben, haben Sie wahrscheinlich ein gutes inneres Radar dafür, wie hoch Ihr Stresspegel ist – und wann Sie gegensteuern sollten. Diese Aufmerksamkeit gegenüber der eigenen Belastbarkeit ist eine Basisfähigkeit im Umgang mit Stress, sie schützt auch vor übermäßiger Erschöpfung und Burn-out. Andersherum sind Menschen, die ihre Belastungsgrenzen nicht erkennen oder ignorieren, in größerer Gefahr, sich selbst auszubeuten. Falls Sie auf dieser Liste weniger als dreimal »Ja« angekreuzt haben, ist es für Sie deshalb ratsam, sensibler für die Alarmzeichen von Stress und Überforderung zu werden. Auch wenn Ihnen möglicherweise Techniken wie Yoga, Meditation oder Achtsamkeit nicht behagen, kann es sich gerade für Sie besonders lohnen, sich ein bisschen damit zu beschäftigen. Es muss nicht viel sein: 5 bis 15 Minuten täglich, die man mit Entspannungs- oder Atemübungen verbringt, können ein Gefühl permanenter Anspannung schon spürbar lindern.

> **Tipp:** Ordnen Sie Ihre körperliche und seelische Verfassung mithilfe einer Ampel ein. Fragen Sie sich jeden Tag: Steht die Stressampel bei mir auf Grün, Gelb oder Rot? Sobald Sie bei »Gelb« sind, ergreifen Sie kleine Gegenmaßnahmen. Gehen Sie spazieren, machen Sie – obwohl Sie viel zu tun haben – früher mit der Arbeit Schluss. Mit dieser Miniübung behalten Sie sehr pragmatisch Ihre körperliche und psychische Verfassung im Blick.

Einteilung der Arbeitszeit: Kann ich Pausen machen?

Arbeiten in einem gesunden Rhythmus? Das heißt letztlich, zu wissen und zu beherzigen, wann und wie lange man konzentriert arbeiten kann und wann man eine Pause braucht. Die erholsame Kraft selbst von wenigen Minuten Pause belegen Studien aus der Arbeitsmedizin immer wieder. Falls Sie in dieser Checkliste also **weniger als dreimal »Ja« angekreuzt** haben, wissen Sie wahrscheinlich, wie gut Pausen verbrauchte Energie zurückbringen. Setzen Sie auf dieses Gespür für innere Rhythmen – und lassen Sie sich nicht aus dem Takt bringen, wenn andere um Sie herum solche Unterbrechungen nicht machen. Falls Sie in dieser Checkliste dreimal oder häufiger mit »Ja« geantwortet haben, neigen Sie wahrscheinlich eher dazu, die Wirkung von Pausen zu unterschätzen. Für Sie kann es lohnend sein, die Arbeit häufiger bewusst zu unterbrechen. Viele psychisch stabile und belastbare Menschen sind vor allem erschöpft, weil sie nicht pausieren können. Das ist letztlich ein simpler Verhaltensfehler im Umgang mit Stress – den man leicht beheben kann. Also: Üben Sie das Innehalten!

Tipp: Das Erholsame an einer Pause ist die Abwechslung. Es geht also darum, dass man etwas anderes macht als bei der Arbeit: Wer im Job am Rechner sitzt, sollte deshalb nicht auch noch die Pause mit Surfen im Netz verbringen, sondern in Ruhe essen oder mit Kollegen plaudern. Wer dagegen während der Arbeit viel mit anderen kommuniziert, sollte gelegentlich allein Pause machen. Experimentieren Sie mit diesem Kontrastprogramm.

Ressourcen am Arbeitsplatz: Wie gut nutze ich Kraftquellen vor Ort?

Wer seine Arbeit verliert, ist anfälliger für psychische und körperliche Erkrankungen. Denn laut Studien fehlen dann der Kontakt mit Kollegen, die Anerkennung und das Eingebundensein. Dass die Arbeitswelt also auch eine Ressource ist, vergessen wir häufig. Dennoch: Falls Sie in dieser Liste **dreimal oder häufiger »Ja« geantwortet** haben, haben Sie wahrscheinlich bereits ein Bewusstsein dafür entwickelt, wie Sie Ihre berufliche Tätigkeit so gestalten können, dass sie Ihnen nicht nur Kraft raubt, sondern auch gibt. Behalten Sie diese Sichtweise unbedingt bei. Mehr noch: Suchen Sie den Sinn und die Freude in Ihrer Arbeit, verstärken Sie den Kontakt mit Kollegen, die Sie mögen. Das gilt natürlich erst recht, wenn Sie in dieser Checkliste weniger als dreimal »Ja« angekreuzt haben. Versuchen Sie dann, sich Ihren Joballtag noch einmal genauer auf seine positiven Seiten hin anzuschauen: Was gibt Ihnen Kraft bei der Arbeit? Was macht Sie stolz? Wen mögen Sie? Sehr häufig reicht es schon, den Fokus gezielter in diese Richtung zu lenken – und man merkt, dass es im Job auch viel Gutes gibt.

Tipp: Ob man sich am Arbeitsplatz wohlfühlt, hängt entscheidend von der Atmosphäre im Team ab. Um die zu verbessern, reichen oft Kleinigkeiten: Kollegen gelegentlich einen Gefallen anbieten oder fragen, ob sie Hilfe brauchen. Mit dem Team ein- oder zweimal im Jahr einen Ausflug machen. All das macht nicht nur den Alltag leichter – sondern trägt alle gemeinsam besser durch Stresssituationen.

COACHING

Entstresst leben

Haben Sie das Gefühl, dass die Dauerhektik Sie körperlich und seelisch schwächt? Hier lernen Sie, mit Stress kompetenter umzugehen. Dabei helfen oft schon kleine Veränderungen.

Dauer

Wer Gelassenheit üben will, sollte sich nicht hetzen. Es ist also sinnvoll, wenn Sie sich für die Übungen und Schritte in diesem Coaching vier bis acht Wochen Zeit lassen – also pro Woche maximal zwei Schritte bearbeiten. Wiederholen Sie die kleinen Übungen möglichst täglich. So spüren Sie, welche für Sie die größte Wirkung und Relevanz haben.

Schritt 1: Mehr Pausen machen

Ein zentraler Punkt, um dem Stress gelassener zu begegnen, sind Pausen. So banal das klingt – viele Menschen halten sich nicht an sinnvolle Auszeiten und ignorieren im Alltag körperliche Erschöpfungssignale. Das macht stressanfällig. Sie erhalten deshalb zum Einstieg zwei Übungen, mit denen Sie die Wirkung von Pausen im Alltag testen und Ihren Druck sofort etwas reduzieren können.

Übung 1: Gib mir fünf

Dass Kurzpausen einen hohen Erholungswert haben, betonen Arbeitspsychologen seit Jahrzehnten. Versuchen Sie also, die Kraft der kleinen Auszeiten zu nutzen. Machen Sie bei der Arbeit mindestens alle 60 bis 90 Minuten eine Pause von fünf Minuten. Falls Sie dazu neigen, das zu vergessen – stellen Sie sich einen Timer am Handy. Wichtig: In der Kurzpause sollten Sie einen Belastungswechsel vornehmen. Wer am Bildschirm sitzt, sollte seine Pause nicht am Handy verbringen – sondern etwa im Flur herumlaufen und ein Glas Wasser trinken. Wer körperlich arbeitet, darf sich hinsetzen und das Handy zücken. Wer bei der Arbeit viel redet, sollte die Stille suchen. Experimentieren Sie damit, was Ihnen guttut. Übrigens: Kurzpausen kann Ihnen der Arbeitgeber nicht verbieten oder von der regulären Pausenzeit abziehen.

Übung 2: Fühlen, was ist

Verspannter Nacken, Ablenkbarkeit, Unruhe, Müdigkeit, Kopfschmerzen oder miese Laune – oft zeigen Körper und Geist uns, dass wir eine Pause brauchen. Eine Faustregel besagt: »Wenn du spürst, dass du eine Pause brauchst, ist sie bereits überfällig.« Deshalb bekommen Sie hier folgende Aufforderung: Machen Sie bei der Arbeit immer dann eine Pause, wenn Sie sich danach fühlen. Falls Sie fürchten, dass dies alle paar Minuten der Fall sein könnte, seien Sie unbesorgt: Die meisten Menschen machen trotz Vorsatz eher zu wenige als zu viele Pausen. Achten Sie also auf Ihre kurzfristigen Erschöpfungssignale, und nehmen Sie diese ernst.

Mittag machen

Wer mehr als sechs Stunden am Tag arbeitet, dem steht gesetzlich eine halbe Stunde Pause zu. Nutzen Sie diese für ein Essen in der Kantine, einen Gang zum Bäcker oder einen Spaziergang. Nur: Vor dem Rechner zu essen gilt nicht.

Wichtig: Wenn die kleinen Pausen Sie gleich ein bisschen gelassener machen, integrieren Sie eine der Übungen in den Alltag. Je länger Sie den gesunden Rhythmus aus Belastung und Erholung üben, desto häufiger spüren Sie die positiven Auswirkungen – und gewöhnen sich daran.

Schritt 2: Persönliche Stressfallen entlarven

Wer gestresst ist, macht dafür oft äußere Bedingungen verantwortlich. Trainer aus dem Bereich Stressmanagement betonen aber, dass auch psychische Faktoren beteiligt sind, wenn Stress unerträglich wird. Innere Bewertungen und Leistungsansprüche spielen eine große Rolle. Hier reflektieren Sie, was Sie selbst zu Druck und Hektik beitragen – und lernen, mit Ihren Stressmustern anders umzugehen.

Frage

Im Folgenden finden Sie zwei Übungen zur Auswahl, jede ist für eine andere Art der Stressanfälligkeit geeignet. Entscheiden Sie sich also zunächst, welches der beiden persönlichkeitsbedingten Stressmuster eher auf Sie zutrifft – und kreuzen Sie es an:

☐ eher Perfektionist – kontrolliert oder sehr leistungsorientiert

☐ eher Jasager – chaotisch oder zu hilfsbereit

Nun folgen im nächsten Schritt die beiden konkreten Übungen. Wählen Sie die für Sie passende Aufgabe aus.

Übung für Perfektionisten

Mal 80 Prozent statt 100 Prozent geben? Falls Sie Perfektionist sind, können Sie das wahrscheinlich nicht. Und das müssen Sie auch gar nicht! Für alle Kernaufgaben gilt die Regel beispielsweise nicht. Wenden Sie die 80-Prozent-Sicht eher auf weniger wichtige Bereiche an. Lesen Sie dazu folgende Vorschläge, und suchen Sie sich einen heraus, den Sie in den nächsten Tagen umsetzen:

- Welche Ihrer Aufgaben sind eigentlich nicht wichtig, obwohl Sie das Gefühl haben, sie machen zu müssen? Alle Mails im Postfach beantworten, Ablage et cetera – wählen Sie eine Sache aus, die Sie diese Woche ganz unter den Tisch fallen lassen. Und lassen Sie es auch in der nächsten Woche sein!

- Haushalt, putzen, Geschenke für Freunde, Planung von Urlauben et cetera. Überlegen Sie, an wen Sie eine dieser Aufgaben delegieren könnten: Partner, Kinder, eine Putzhilfe. Setzen Sie die Idee in die Tat um.

- Viele Menschen kommen unter Druck, wenn Engpässe entstehen, etwa wenn Kollegen krank sind oder Sonderaufgaben anstehen. Machen Sie sich einen Notfallplan für Wochen, in denen es eng wird. Legen Sie fest, was Sie dann nicht machen, zum Beispiel: »Wenn Kollegen krank sind, sage ich die Sitzung X ab.« Haben Sie einen Notfallsatz? Dann notieren Sie ihn auf einem Zettel und legen diesen in Ihre Büroschublade.

Wichtig: Entscheiden Sie ab jetzt jeden Montag: Ist das eine normale oder eine Notfallwoche?

Übung für Jasager

Kaum ein Ratschlag nervt Menschen, die sich gegen Bitten anderer nicht abgrenzen können, mehr als »Du musst lernen, Nein zu sagen«. Denn: Der theoretische Vorsatz reicht einfach nicht für Menschen, die ihr ganzes Leben lang gelernt haben, für andere da zu sein. Probieren Sie es in dieser Woche mit folgender Übung: Setzen Sie sich eine Viertelstunde lang hin, und überlegen Sie, an welchen Stellen im stressigen Alltag Sie so über Ihre Grenzen gehen, dass es Sie belastet. Beantworten Sie folgende Fragen:

- Wie viele Überstunden pro Monat sind in Ordnung? Wo ist Ihre Grenze?
- Was könnten Sie dem Arbeitgeber anbieten, und wo stehen Sie nicht zur Verfügung? (Zum Beispiel: »Ich mache gern ein oder zwei Überstunden pro Woche, aber mehr nicht.«)
- Welche Freizeit- oder Familienverpflichtungen nerven Sie insgeheim? Welche würden Sie gern loswerden?
- Wo könnten Sie sich selbst helfen lassen?

Suchen Sie sich zwei Punkte heraus, gegen die Sie sich ab jetzt abgrenzen wollen. Legen Sie für diese Bereiche eine klare Regel fest, etwa »Ich will einmal in der Woche zum Yoga, da nimmt mein Partner die Kinder«.

Versuchen Sie, während des gesamten Coachings diese neuen Regeln einzuführen, umzusetzen – und beizubehalten.

Schritt 3: Freizeit gut gestalten

»Hätte ich mehr frei, hätte ich weniger Stress.« Diese Idee ist weit verbreitet. Doch die Quantität der Erholungszeiten ist oft nicht das Problem – sondern die Qualität. Viele Menschen verbringen etwa die Hälfte ihrer Freizeit mit Medienkonsum, der eher stresst. In den folgenden Übungen geht es deshalb um die Frage, wie Sie Ihre Freizeit so gestalten, dass sie tatsächlich zur Erholung beiträgt.

Übung 1: Genussvolle Freizeit

Nehmen Sie einen Zettel zur Hand und schreiben Sie 15 Dinge auf, die Sie lieben, gern machen, genießen, die Sie glücklich und zufrieden machen. Notieren Sie auch, was Sie in Kindheit, Jugend und jüngerem Erwachsenenalter gern getan haben. Es kann von Inlineskaten bis Pfannkuchenbacken, von Musikhören bis zum Spaziergang am Meer alles dabei sein. Suchen Sie sich dann drei Dinge heraus, die Sie in den nächsten Tagen – innerhalb einer Woche – in Ihrer Freizeit ganz konkret machen: Hören Sie eine halbe Stunde Musik, kochen Sie sich ein Lieblingsgericht. Unternehmen Sie auch eine Aktivität, die Sie eine gute Stunde Zeit kostet, etwa einen Kinobesuch. Schauen Sie, ob Sie die Anregungen von der Liste auch in den kommenden Wochen aufgreifen wollen. Mithilfe solcher »Spickzettel« kann man die eigene Freizeit stark verändern und bereichern.

Übung 2: Aktive Freizeit

Viele Menschen wissen, dass ein bestimmter Sport oder ein Hobby ihnen eigentlich guttut, sie kommen nur nicht dazu. Wenn Sie zu den Menschen gehören, denen körperliche Aktivität Freude macht, gönnen Sie sich in den nächsten Tagen zweimal eine halbe Stunde bis Stunde Bewegung Ihrer Wahl. Wenn Sie gerade nicht im Training sind, nehmen Sie sich keine großen Leistungen vor – fangen Sie einfach an. Gehen Sie kurz joggen, machen Sie eine Yogastunde mithilfe eines YouTube-Videos. Sie können auch den Garten umgraben, tanzen gehen oder mit den Kindern auf dem Spielplatz toben. Hauptsache, Sie haben Spaß an der Bewegung!

Zu viel?

Wenn Sie zu den wenigen Menschen gehören, die wirklich kaum Freizeit haben, also etwa 12- bis 14-stündige Arbeitstage haben oder durch einen sehr zeitraubenden Job und die Familienarbeit doppelt belastet sind, suchen Sie mehr praktische Unterstützung: Reduzieren Sie die Arbeitszeit, engagieren Sie einen Babysitter oder eine Haushaltshilfe. Gehen Sie das Problem grundsätzlich an.

Schritt 4: Gefühle als Stressfallen entlarven

Wenn der Druck zu stark wird, spielen meistens auch belastende Emotionen wie Wut, Gekränktheit oder Angst eine Rolle. Deshalb ist die Fähigkeit, Emotionen zu regulieren, eine der wichtigsten Voraussetzungen dafür, mit Stress gut umzugehen. Hier finden Sie zwei praktische Ansatzpunkte – die Sie täglich anwenden können.

Werkzeug für Wütende

Wenn andere (oder Sie) einen Fehler machen, regt Sie das auf? Wenn Kleinigkeiten anders laufen als geplant, werden Sie ungeduldig? Wer für Ärger anfällig ist, potenziert sein Stresserleben. Deshalb kann es sinnvoll sein, auf die eigene Wut zu achten und diese immer mal wieder herunterzufahren. Das gelingt, wenn Sie sich ablenken. Wenn Sie in den nächsten Tagen merken, dass Sie sich über eine Kleinigkeit aufregen, spielen Sie eine Runde »Abc des Wohlbefindens«: Überlegen Sie sich einen beliebigen Buchstaben und dann je fünf Dinge, die mit diesem Buchstaben anfangen und die bei Ihnen das Gefühl von Wohlbefinden und Freude auslösen, also etwa Autorennen, Allgäu-Urlaub, »Arte«-Gucken et cetera. Sie werden merken, dass es gar nicht leicht ist, fünf schöne Begriffe zu finden. Und das soll auch so sein! Die Übung fordert Konzentration. Der Trick: Man kann nicht gleichzeitig eine schwierige Aufgabe ausführen und sich aufregen. Wahr-

scheinlich haben Sie nach dem dritten Begriff schon vergessen, dass Sie sich geärgert haben.

Werkzeug für Kränkbare

Sie nehmen sich alles zu Herzen, was andere an Kritik oder
schrägen Scherzen äußern? Oder grübeln, warum eine Freundin eine verletzende Bemerkung gemacht hat? Versuchen Sie
in den nächsten Tagen, Ihre Sensibilität bewusster wahrzunehmen – und ihr etwas entgegenzusetzen. Wenn Sie im Alltag
merken, dass Sie verunsichert oder beleidigt sind, machen Sie
eine kurze Pause. Und dann stellen Sie sich vor, dass Sie sich
einen unsichtbaren Regenmantel anziehen. Niemand braucht
zu wissen, dass Sie diesen Schutzmantel tragen, aber Sie stellen
sich vor, dass alles, was nun auf Sie zukommt, an Ihnen einfach so abprallt. Lassen Sie diesen Mantel im Geiste an, gehen
Sie zurück in die Situation. Probieren Sie in den nächsten Tagen so oft wie möglich, sich den Schutzmantel vorzustellen.

Reflektieren Sie auch, wie es Ihnen mit der Emotionsregula-
tion ergangen ist. Haben Sie gespürt, wie häufig das Stresserleben durch belastende Emotionen wie Wut oder Angst verstärkt wird? Notieren Sie Ihre Erkenntnisse.

Schritt 5: Arbeiten im Takt der inneren Uhr

Arbeiten und entspannen im eigenen Biorhythmus? Sehr viele tun genau das nicht – und sind deshalb oft gestresst. Oder sie fühlen sich immer dann müde und belastet, wenn wichtige Aufgaben anstehen. Eine Ausrichtung des Tages an der persönlichen Konzentrations- und Leistungskurve ist also sinnvoll. Hier lernen Sie, Ihren Stundenplan an den energetischen Hoch- und Tiefphasen auszurichten.

Die folgende Liste zeigt, welche Tätigkeiten zu welchen Tageszeiten sinnvoll sind und leicht von der Hand gehen. Überlegen Sie, an welchem Punkt Sie im Alltag besonders gut nach Ihrer inneren Uhr arbeiten oder pausieren. Und an welchen Stellen Sie nicht nach dem allgemeinen Biorhythmus arbeiten und leben.

Wichtig: Falls Sie morgens besonders früh fit, also eher eine »Lerche« sind, kann der Rhythmus auch eine Stunde früher losgehen (also eher um 6 Uhr), bei Langschläfern, also »Eulen«, ist alles entsprechend eine Stunde später getaktet.

- [ ] 7 bis 8 Uhr: aufstehen und in den Tag starten
- [ ] 8 bis 10 Uhr: warm werden, Mails, Post, Telefon
- [ ] 10 bis 11.30 Uhr: erstes Leistungs- und Konzentrations-
  hoch – die beste Zeit für kreative Arbeit, komplexe Kon-
  zepte und andere Arbeiten, bei denen man viel nachdenken muss
- [ ] 11.30 Uhr: kurze Pause
- [ ] 11.40 bis 13 Uhr: weitere Hochphase, gute Konzentra-
  tionsfähigkeit, komplizierte Aufgaben oder Gespräche
  gelingen jetzt leichter
- [ ] 13 bis 14 Uhr: Mittagspause, Essenszeit
- [ ] 14 bis 15 Uhr: Nachmittagstief. Hier am besten Routine-
  aufgaben erledigen, die nicht viel Aufmerksamkeit brauchen
- [ ] 15 bis 17 Uhr: zweite Hochphase des Tages: nochmals
  Zeit für anspruchsvolle Aufgaben
- [ ] 17 bis 19 Uhr: Feierabend und Zeit für Sport, Hobbys, Treffen mit Freunden
- [ ] 19 bis 23 Uhr: zur Ruhe kommen
- [ ] 23 bis 7 Uhr: schlafen

Reflexion

Nun wird es konkret. Überlegen Sie, was daraus für Sie folgt, und beantworten Sie folgende Fragen:

1. Wo liegen Sie gut im Biorhythmus? Welche Gewohnheiten sollten Sie noch weiter stärken und ausbauen?
2. Wo sind Sie nicht im Biorhythmus und neben der Spur?
3. Welche Gewohnheiten sollten Sie ändern und wie?
4. Wo sind Sie nicht im Biorhythmus, glauben aber, dass es so okay für Sie ist? Gönnen Sie sich eine Abweichung vom Idealfahrplan.

Tipp: Der Bamberger Schlafforscher Göran Hajak ist der Ansicht, dass ein Mittagsschlaf zu einem gesunden Biorhythmus gehört und dabei hilft, Stress abzubauen. Wichtig ist allerdings, dass dieses Nickerchen nicht länger als 20 Minuten dauert. Sonst stellt sich die erfrischende Wirkung nicht ein.

Schritt 6: Belastungen erkennen und ändern

Besonders wichtig für einen gesunden Umgang mit Stress ist es, überhaupt zu erkennen, dass man gerade im »Schleudergang« unterwegs ist. In diesem Schritt bekommen Sie Werkzeuge an die Hand, mit denen Sie feststellen können, ob der Stress gerade zu groß wird – und mit welchen Strategien Sie sich in Gelassenheit üben können.

Werkzeug: Anker setzen

Je hektischer der Tag, desto mehr vergessen wir, uns zwischendurch zu fragen, wie es uns überhaupt geht. Bauen Sie deshalb Ankerpunkte in den Tag ein, an denen Sie sich immer wieder fragen: »Wie geht es mir eigentlich gerade?« Am geschicktesten ist es, wenn Sie diese Frage an wiederkehrende alltägliche Aktivitäten andocken, beispielsweise nach jedem Telefonat. Es gibt auch Menschen, die den Weg von einem Meeting zum anderen grundsätzlich dazu nutzen, kurz in sich zu gehen. Um rasch herauszufinden, wo man innerlich steht, ist es gut, je zwei bis drei tiefe Atemzüge zu nehmen, sich darauf zu konzentrieren und dabei wahrzunehmen, was sich gerade in Körper und Geist abspielt. Achten Sie darauf, ob Sie irgendwo Schmerzen haben, ob Sie sich befreit oder belastet fühlen, hektisch und fahrig oder entspannt und energievoll sind, ob Ihnen belastende Gedanken durch den Kopf jagen oder ob Sie gelassen sind. Registrieren Sie einfach nur, wie Sie sich fühlen. Beantworten Sie hier einmal probeweise die Frage: Wie geht es mir eigentlich gerade?

Notieren Sie nun auch, an welchem Ankerpunkt des Tages Sie diese Frage immer mal wieder stellen wollen.

Nun wissen Sie also etwas genauer, wann Sie gestresst sind. Aber wie können Sie dem Stress begegnen? Zum einen mit Sofortmaßnahmen für den Alltag. Zum anderen mit Entspannungsübungen, die Sie zu Hause machen können und die Sie auf einfache Art zur Ruhe kommen lassen.

Für beides bekommen Sie nun Anleitungen: Entscheiden Sie, welche Übung zu Ihrer momentanen Situation passt. Wenn Sie sich sehr belastet fühlen, könnten auch beide passend sein.

Übung: Schnelle Entspannung

Wann immer Sie sich während der Arbeit gestresst und belastet fühlen, können Sie zu sogenannten SOS-Strategien greifen. Zum Beispiel:

- [ ] Gänge erledigen, etwas holen oder bringen
- [ ] sich kurz ein schönes Foto oder Bild anschauen
- [ ] etwas zu trinken oder zu essen holen

- ☐ Grimassen schneiden, wenn keiner hinguckt
- ☐ sich selbst loben
- ☐ ein Musikstück hören
- ☐ dreimal ruhig ein- und ausatmen
- ☐ sich ausschütteln
- ☐ Muskeln anspannen und wieder locker lassen

Kreuzen Sie zwei oder drei dieser Soforttipps an, die Ihnen gefallen, und bauen Sie diese in den Arbeitstag ein.

Meditation: Tiefe Entspannung

Diese Übung stammt eigentlich aus der Hypnose, und sie ermöglicht es Ihnen, schrittweise in einen tiefen Entspannungszustand zu kommen. Machen Sie es sich auf einem Stuhl bequem, schließen Sie die Augen. Dann geht es los: Stellen Sie sich in Gedanken eine Treppe vor, die zehn Stufen abwärtsführt. Jede Stufe ist ein jeweils tieferer Entspannungszustand – am Fuß der Treppe sind Sie sehr zufrieden und entspannt. Mit jedem Ausatmen gehen Sie in Gedanken nun langsam eine Stufe tiefer. Zählen Sie gern im Geiste die Stufen von eins bis zehn mit. Wenn Sie auf der Stufe der tiefen Entspannung angekommen sind, bleiben Sie eine Weile in diesem Zustand, atmen Sie ruhig weiter, genießen Sie die Entspannung. Zum Ende der Übung gehen Sie mit zehn Atemzügen die Treppe langsam wieder Schritt für Schritt hoch. Zählen Sie rückwärts. Wenn Sie bei eins angekommen sind, recken und strecken Sie sich.

Schritt 7: Wie Arbeit zur Energiequelle wird

Arbeit ist nicht nur ein Stressfaktor, sondern auch Ressource: Wer arbeitet, ist sozial eingebunden, kann sich auf fachliche Kompetenzen stützen und übernimmt zwischendurch immer wieder Aufgaben, die Freude machen. Dieser Aspekt geht oft unter, wenn die Arbeitslast zu groß wird. Es ist aber ein guter Schutz gegen Überlastung, sich diese positiven Aspekte ins Bewusstsein zu rufen – und sie auszubauen.

Übungsteil 1

Überlegen Sie in den nächsten Tagen am Ende jedes Arbeits-, Haushalts- oder Familientages, was besonders schön und bereichernd war. Notieren Sie täglich drei Dinge in Ihr Journal. (Lesen Sie die Liste gelegentlich durch, und versuchen Sie, die schönen Momente im Alltag bewusst zu registrieren.)

Übungsteil 2

Wollen Sie mehr von den positiven Aspekten? Dann versuchen Sie, sich konkret für ein besseres Arbeitsklima oder für interessante Arbeitsaufgaben einzusetzen: Auch wenn das erst einmal wie Mehrarbeit erscheint – es lohnt sich. Suchen Sie sich einen der folgenden drei Bereiche aus, den Sie in Ihrem Arbeitsleben verbessern wollen, und fangen Sie in den nächsten Tagen damit an.

Besseres Teamklima

Es ist leicht, hier Zeichen zu setzen: Seien Sie selbst nett zu anderen, und bieten Sie ihnen kleine Gefälligkeiten an, etwa dem Kollegen Kaffee mitzubringen. Interessieren Sie sich mehr für Kollegen, machen Sie gemeinsam Mittagspause, nicht immer nur mit den Lieblingskollegen. Man kann sich auch gegenseitig Bücher ausleihen, Filme empfehlen. Oder Sie organisieren einen Ausflug oder ein Abendessen fürs Team. Die Zeit, die man bei solchen Events verbringt, ist nie verloren – denn meist festigt sich dadurch der Zusammenhalt so, dass das gemeinsame Arbeiten einfacher wird.

Besserer Draht zu Vorgesetzten

Viele Menschen haben Schwierigkeiten mit ihren Chefinnen und Chefs – und einige sind natürlich auch schwierig. Doch auch eine eigene Abwehrhaltung oder Zurückhaltung gegenüber Autoritäten kann ein Grund sein, warum man kein gutes Verhältnis aufbaut. Es kann helfen, wenn Sie den Kontakt normalisieren, gelegentlich gemeinsam Mittag essen, informell plaudern. Man kann auch einem Chef eine konkrete Rückmeldung geben, wenn man fand, dass ein Vorschlag von ihm gut oder hilfreich war.

Bessere und interessantere Aufgaben

Welche Dinge erledigen Sie bei der Arbeit gern? Wo haben Sie Kompetenzen? Wofür loben die anderen Sie? Überlegen Sie sich ein paar Tätigkeiten, die Ihnen bei näherer Betrachtung nicht nur Energie rauben, sondern Ihnen auch ein gutes Gefühl und Kraft geben. Versuchen Sie, für mehr dieser schönen und bereichernden Aufgaben Verantwortung zu übernehmen.

Haben Sie einen Bereich gefunden, an dem Sie ansetzen wollen? Wie und mit welcher kleinen Maßnahme wollen Sie anfangen?

Diese Übungen sind sehr wirksam. Oft stellen Menschen im Rückblick fest, wie viel sich etwa in einem eher neutralen Team verändert, wenn eine Person auf einmal kleine freundliche Angebote macht. Probieren Sie es aus!

Schritt 8: Wege zur eigenen Stresskompetenz

In sieben Schritten haben Sie nun unterschiedliche Ansätze kennengelernt, mit denen Sie das eigene Stresserleben reduzieren und Arbeit und Freizeit so gestalten können, dass beides Ihnen nicht nur Energie raubt, sondern auch Kraft gibt. Im letzten Schritt geht es nun darum zu reflektieren, welche der Übungen und Tipps für Sie passend und hilfreich waren – und welche nicht.

Hier finden Sie in einer Liste noch einmal alle Übungen, Tipps und Aufgaben, die wir in den Coachings zum Thema

Gelassenheit und Stresskompetenz erläutert haben. Lesen Sie die Punkte durch, und wählen Sie eine oder zwei Übungen aus, die Sie besonders verblüffend, besonders effektiv oder einfach nur hilfreich fanden.

Check-
liste

- [ ] Alle 60 bis 90 Minuten fünf Minuten Pause machen
- [ ] Immer dann Pause machen, wenn man erschöpft ist
- [ ] Regelmäßig eine Mittagspause machen
- [ ] Dem eigenen Perfektionismus anders begegnen: Aufgaben delegieren, Notfallplan haben
- [ ] Der eigenen Tendenz zum Ja-Sagen anders begegnen: Grenzen ernst nehmen und kommunizieren
- [ ] Die Freizeit bewusst und aktiv und sportlich gestalten
- [ ] Die Freizeit genussvoll gestalten – und sich an die Dinge halten, die man wirklich gern macht
- [ ] Ärger und Wut herunterregulieren
- [ ] Die eigene Kränkbarkeit erkennen – und etwas mehr Selbstschutz aufbauen
- [ ] Arbeit nach dem eigenen Biorhythmus organisieren
- [ ] Belastungssignale früher erkennen – mit Ankerpunkten im Alltag
- [ ] Kurze SOS-Entspannung immer wieder in den Tag einbauen
- [ ] Tiefenentspannung mit der Treppenmeditation

☐ Den Arbeitsplatz als Ressource nutzen, etwa das Teamklima verbessern oder Aufgaben übernehmen, die einem Freude machen

Haben Sie einen Tipp gefunden, den Sie hilfreich fanden und gern über das Stresscoaching hinaus beibehalten wollen? Notieren Sie ihn.

Schreiben Sie auch auf, bis wann Sie diese Veränderung beibehalten wollen:

Datum: _____

Tipp: Wenn Sie im Rückblick merken, dass Sie besonders von den Übungen zu den psychischen Stressfallen, also zu Wut, Kränkbarkeit, Perfektionismus und Nicht-Nein-sagen-können, profitiert haben, dann kann es sein, dass Sie gerade Ihren persönlichen und prägenden Stressmustern auf die Spur kommen. Nehmen Sie das ernst! Ein Coaching dazu könnte dann hilfreich sein.

Auch wenn Sie nur eine Neuerung weiterführen, kann schon das Ihre Stresskompetenz immens verbessern. Warum? Ganz einfach: Wer sich aktiv und bewusst mit dem Thema auseinandersetzt, hat das eigene Wohlbefinden und die eigene Belastung automatisch viel bewusster im Blick. Und diese Art der Wahrnehmung ist bereits ein entscheidender Baustein, um mit Stress und Druck besser und cleverer umzugehen. Also: Bleiben Sie wachsam. Und ändern Sie Kleinigkeiten.

BUCHEMPFEHLUNGEN ZUM WEITERLESEN

Julia Scharnhorst: *Pausen machen munter. Kraft tanken am Arbeitsplatz,* Freiburg: Haufe, 2017.
Zahlreiche SOS-Strategien für mehr Gelassenheit im Arbeitsalltag, Entspannungsübungen und Tipps fürs Pausemachen enthält dieser Ratgeber, den die Psychologin Julia Scharnhorst geschrieben hat. Für alle Leser, die von diesem Coaching profitiert haben, kann das Büchlein eine passende Ergänzung und Begleitung im Alltagsstress sein.

Mark Williams/Danny Penman: *Das Achtsamkeitstraining. 20 Minuten täglich, die Ihr Leben verändern,* München: Goldmann, 2015.
Dass Meditation und Übungen aus dem sogenannten Achtsamkeitstraining die Entspannung fördern, weiß heute jeder. Dieses fachlich fundierte und gleichzeitig praxisnahe Buch des Psychologen Mark Williams von der Universität Oxford ist für alle empfehlenswert, die dem Stress mithilfe von Achtsamkeit begegnen wollen. Das Buch ist in acht Wochen gegliedert und orientiert sich inhaltlich und im Aufbau an evaluierten Trainingsprogrammen.

Gert Kaluza: *Gelassen und sicher im Stress. Das Stress-kompetenzbuch. Stress erkennen, verstehen, bewälti-gen,* Berlin: Springer, 2007.

Wer begreifen will, was Stress in Körper und Seele bewirkt und welche psychischen Muster das Stresserleben ungünstig beeinflussen, der bekommt in diesem Standardwerk einen guten Überblick. Der Autor weiß, wovon er schreibt. Er ist Psychotherapeut und trainiert seit Jahrzehnten Führungskräfte in den Bereichen betriebliche Gesundheitsförderung und Stressmanagement.

Mirriam Prieß: *Resilienz. So entwickeln Sie Widerstands-kraft und innere Stärke,* München: Goldmann, 2019.

Wer psychisch belastet ist, leicht kränkbar oder sehr hohe Ansprüche an sich selbst hat, kann alltäglichem Stress oft nicht sinnvoll begegnen. Dann nützt es nur wenig, regelmäßig Pausen zu machen oder sich weniger Arbeit zuzumuten. Dieses Buch, geschrieben von einer Präventionsmedizinerin, bietet gute Anleitungen und Orientierung für alle, die ihre psychischen Kompetenzen stärken und ungünstige Stressmuster verändern wollen.

KAPITEL 3

Zu Hause wohlfühlen

»Wir inszenieren uns und hoffen auf Beifall«

Wohnpsychologe Uwe Linke über Luxusküchen, die Macht von Ikea und Sofas, auf denen man nicht sitzen kann.

Ein Interview von Markus Deggerich

SPIEGEL: Herr Linke, bei Ihnen findet man ja noch Bücher im Regal. Sind Sie altmodisch?

Linke: Ich liebe Bücher. Ich bewahre aber tatsächlich nur noch jene auf, die mir etwas bedeuten oder die ich noch nutze. Auch wenn der Deutsche es für Sünde hält, Bücher wegzuschmeißen: Ich sortiere aus. Aber warum sollte es altmodisch sein, dass ich ein Bücherregal habe?

SPIEGEL: Weil wir bei einem der größten Trendsetter in puncto Wohnen und Einrichten eine erstaunliche Beobachtung gemacht haben: Der Möbelriese Ikea zeigt in seinem Katalog zwar Bücherregale, aber da stehen kaum noch Bücher drin.

Linke: Und das überrascht Sie? Um zu lesen, brauchen Sie doch heute nicht mehr zwingend Bücher. Sie müssen ja im Zweifel nicht mal selbst lesen.

SPIEGEL: Billy ist tot, es lebe Alexa? Uns interessiert dabei eher die Frage: Warum macht Ikea das? Hat man dort einen Trend erkannt, oder wird dieser Trend dadurch erst gemacht?

Linke: Bei einem Riesen mit so viel Einfluss wie Ikea können Sie von beidem ausgehen. Deren Scouts registrieren solche Entwicklungen sehr frühzeitig und basteln passende Angebote. Ikea denkt dabei auch schon an übermorgen: Für den Umsatz ist inzwischen ja wichtiger, all das zu verkaufen, was man sich ins Regal stellt, als das Regal selbst.

SPIEGEL: Sie meinen die Wohnaccessoires, die uns im Wochentakt angeboten werden – im Discounter, bei Tchibo und selbst bei Modeketten wie H & M, die »Home«-Shops mit Einrichtungskollektionen vom Kissen bis zum Korkenzieher betreiben?

Linke: Das ist eine riesige Belastung geworden – in jeder Hinsicht. Einrichtungstrends nähern sich der auch schon viel zu hohen Schlagzahl von Modetrends an. Wir betreiben damit nicht nur Raubbau an unserem Planeten, sondern auch an unseren Seelen.

SPIEGEL: Wie meinen Sie das?

Linke: Der Spruch »Zeige mir, wie du wohnst, und ich sage dir, wer du bist« gilt nicht mehr. Heute ist unser Wohnen oft eher Ausdruck von Unsicherheit und der Suche nach Stabilität und eben auch Spiegelung einer Person, die man gern wäre – aber wohl nicht ist. Wir leben im wahrsten Sinne des Wortes für Momentaufnahmen ohne Beständigkeit – auch beim Einrichten. Ich staune in meiner Arbeit oft darüber, wie selten Menschen und ihre Wohnungen zusammenpassen.

SPIEGEL: Weil wir sie nicht nach unseren Bedürfnissen einrichten, sondern im Hinblick darauf, ob sie anderen gefallen?

Linke: Zumindest besteht die Gefahr. Wir inszenieren uns und hoffen auf Beifall. Qualität spielt kaum noch eine Rolle, das Imitat – made in China – reicht für einen kurzfristigen Effekt, das fing schon an, als Laminat den Holzboden ersetzen durfte. Das Wettrüsten im Wohnzimmer mit immer größeren Flachbildschirmen und allerlei Schnickschnack – statt Kommunikations- und Wohlfühlecken zu schaffen – zeigt das auch.

SPIEGEL: Erklären Sie das genauer.

Linke: Wenn Sie heute ein Wohnzimmersofa kaufen, werden Sie feststellen, dass die meisten Modelle sich kaum noch zum Sitzen eignen. Dass man seinen Besuch in die gute Stube bat, rückenfreundlich und bequem auf dem Sofa platzierte, bewirtete und miteinander sprach, ist vorbei. Sofas sind heute Liegelandschaften – und sie werden tatsächlich ergonomisch so gebaut. Und eben auch nicht zum Lesen, sondern zum Liegen, in Reichweite der Fernbedienung für die Netflix-Serie.

SPIEGEL: Gegenbeispiel: Ich bin mir sicher, dass ich mehr Besuch empfange und bewirte als die Generation meiner Eltern.

Linke: Mag sein. Aber lassen Sie mich raten: nicht im Wohn- oder Esszimmer, sondern in der …

SPIEGEL: … Küche.

Linke: Genau. Die Küchen sind das neue Zentrum der Wohnungen als Hybrid aus Koch-, Ess- und Wohnraum. Unser Showroom. Unser Schaufenster. Hier wird investiert und ausgebaut, was der letzte Smarter-Living-Katalog hergibt. Und für immense Summen. Zwischen dem intelligenten Kühlschrank, dem Induktionsherd und der großen Tafel pendelt der Gastgeber, und noch vor dem Dessert hat fast jeder am Tisch ein Foto des Essens auf Instagram gepostet. Übrigens völlig unabhängig davon, ob es ihm schmeckt.

SPIEGEL: Die Like-Kultur als Leitkultur auch beim Wohnen? Das klingt so beleidigt, kulturpessimistisch.

Linke: Nein, da verstehen Sie mich falsch. Sogenannte Influencer, die uns erklären, womit wir uns umgeben sollen, um zu einer bestimmten Gruppe zu gehören – die gab es schon immer, sie hießen nur anders.

SPIEGEL: Nämlich?

Linke: Tupperparty.

SPIEGEL: Warum sind wir so verführbar, selbst beim Einrichten des eigenen Heims?

Linke: Ich fürchte, es ist simpel: Meist ist das Ausdruck eines Minderwertigkeitskomplexes.

SPIEGEL: Sie haben gut reden: Ihre Eltern waren Architekten, aufgewachsen sind Sie in einem Einrichtungshaus. Die allermeisten Menschen wachsen ohne eine ästhetische Schule des Wohnens und Einrichtens auf.

Linke: Das stimmt, obwohl das für mich auch nicht immer lustig war. Gerade deshalb wäre es ja für die meisten so wichtig, ihre Entscheidungsprozesse beim Einrichten zu überdenken. Nicht: Wie sieht das aus? Oder gar: Wie wirkt das auf andere? Sondern: Wer bin ich? Was brauche ich?

SPIEGEL: Warum machen wir das nicht?

Linke: Wir leben unter ständigem Selbstoptimierungsdruck: Hat man ein bestimmtes Level erreicht, wird man nach kurzer Zeit nervös und will zum nächsten Level. Das gilt für Beziehungen genauso wie für die Wandfarbe im Flur. Die Generation Ihrer Eltern war glücklich und stolz, sich vielleicht irgendwann das kleine Haus und die Schrankwand leisten zu können, auch wenn die aussah wie bei allen anderen Nachbarn. Man hatte etwas geschafft. Wir hingegen sind ständig unzufrieden.

SPIEGEL: Und wie nutzen das die Trendsetter und Influencer beim Einrichten aus?

Linke: Heute wird jedes Produkt mit einer Geschichte ausgestattet: Das Storytelling ist für die Schaffung von Trends extrem wichtig und sehr professionell. Sie kaufen ja nicht einfach, wie inzwischen fast jeder, ein Boxspringbett, sondern ein Gefühl gleich mit: the American Way. Mit einer guten Geschichte wird jede Kerze zum Leuchtturm. Es gehört zum Erfolgsgeheimnis von Ikea, dass sich Hunderttausende den exakt gleichen Schrank ins Haus stellen und sich dennoch einzigartig damit fühlen.

SPIEGEL: Was ist der am stärksten unterschätzte Raum beim Einrichten?

Linke: Da hat sich wenig geändert: noch immer das Schlafzimmer. Wenn man bedenkt, wie wichtig guter Schlaf und unser Liebesleben sind, ist es erstaunlich, dass Schlafzimmer – zumindest im Laufe der Zeit – immer wieder zu Abstellkammern verkommen.

SPIEGEL: Vielleicht hat sich auch das Liebesleben in die Küche verlagert?

Linke: Wohl kaum. Wir investieren zwar unglaublich viel in unsere Küchen, aber wir kochen ja immer weniger.

SPIEGEL: Ich koche jeden Tag, anders bekomme ich meine Kinder auch gar nicht satt.

Linke: Dann haben Ihre Kinder Glück. Die Verkaufszahlen für Tiefkühlpizza und Instantfood widerlegen Sie aber. Wir wollen alle gern zaubern und aussehen wie Fernsehköche, vor allem für Gäste – aber Kochen ist kein Alltagsphänomen mehr.

SPIEGEL: Sie übertreiben, Kochen ist so populär wie selten zuvor.

Linke: Sie sagen es: populär. Ein Trend. Kochbücher. Kochshows. Wir ahmen nach, imitieren, kopieren, versuchen uns mit Bedeutung aufzuladen. Mit unserem alltäglichen Leben aber hat es wenig zu tun.

SPIEGEL: Ihr Plädoyer für das Wahre, Gute und Schöne beim Einrichten in Ehren. Aber Parkett statt Laminat, langlebige Qualität statt kurzfristiger Konsum, Kochen statt Posieren, all das muss man sich zeitlich und finanziell auch leisten können.

Linke: Stimmt, aber man muss es sich nicht nur leisten können, man muss es sich auch leisten wollen – und dafür woanders Abstriche machen. Der Stuhl, auf dem Sie gerade sitzen, kostet mehrere Hundert Euro. Sieht man ihm das an? Keine Ahnung. Ist mir auch egal. Ich würde Ihnen das eigentlich auch nicht sagen, weil ich ihn nur aus einem Grund gekauft habe: Er ist es mir wert.

SPIEGEL: Ein Geständnis zum Schluss: Wann haben Sie zum letzten Mal aus einem Impuls heraus etwas Überflüssiges für die Wohnung gekauft?

Linke: Ist gar nicht so lange her: einen Blumenübertopf – aus Plastik. Dumm von mir.

Platz da!

Wie viele Quadratmeter braucht man zum Glück?
Zwölf Quadratmeter, sagten die Vordenker des
Bauhaus. Doch so einfach ist der Wohlfühlfaktor
nicht zu berechnen.

Von Philipp Löwe

Oma Agathe fühlt sich nicht wohl in ihrem Haus. Nirgend-
wo ist Platz, die Räume sind zu klein, es gibt zu viele Möbel. Da rät ein weiser alter Mann ihr, ein Tier bei sich aufzu-
nehmen. Nacheinander ziehen Huhn, Ziege, Schwein und
Kuh bei ihr ein. Oma Agathe ist entsetzt. Das Schwein jagt
das Huhn durchs Haus und durchwühlt den Küchenschrank,
die Kuh liegt auf dem Tisch. »Die Oma schrie: ›Hilfe, der Kü-
chentisch bricht! Zu viert ist es schrecklich, zu fünft geht es
nicht! Das halt ich nicht aus, mehr geht nicht rein, mein Haus
ist zu eng und zu klein!‹« Doch dann kommt Teil zwei des
Plans, mit dem der weise alte Mann Oma Agathes Platzproblem lösen will: Nacheinander ziehen die Tiere wieder aus.
Und am Ende fühlt sich für die alte Dame ihr Haus riesig an.

Ob eine Wohnung sich weitläufig oder winzig anfühlt, ist
also nicht nur eine Frage von Quadratmetern, wie das Bilder-
buch »Mein Haus ist zu eng und zu klein« der britischen Auto-

rin Julia Donaldson zeigt. Es ist auch eine Frage des Empfindens. »Wenn ich glaube, ich brauche hundert Quadratmeter,
sonst geht es nicht, werde ich alles darunter als ungenügend
empfinden«, sagt die Hamburger Psychologin, Wohnforscherin und Buchautorin Antje Flade. Dass Wohnqualität und
Wohnzufriedenheit nicht unbedingt korrelieren, erklärt sie
mit dem »Zufriedenheitsparadoxon«. Soll heißen: Empfundenes Glück wächst nicht automatisch mit dem verfügbaren
Platz, sondern hängt vor allem von den Erwartungen ab. Allerdings steigt das Anspruchsniveau mit dem, was verfügbar
ist. Das ist auch ein Grund, weswegen so viele ältere Menschen in ihren großen Wohnungen festsitzen, obwohl sie vielleicht längst allein leben.

Jenseits des individuellen Anspruchsniveaus bestimmt au
ßerdem das Wohlstandsniveau einer Gesellschaft, was eine
passende Wohnungsgröße ist. Die Vordenker des Bauhaus
hielten in den Zwanzigerjahren zwölf Quadratmeter pro Person für ausreichend. Doch je nach finanzieller Ausstattung
und sozialer Schicht steigt der Anspruch. Doppelverdiener-
Akademikerpaare in 24-Quadratmeter-Wohnung sind deshalb die Ausnahme. Doch statt durch den Vergleich mit anderen die angemessene Wohnungsgröße zu ermitteln, sagt
Flade, sollte man sich fragen: Wofür brauche ich den Platz?
»Soll die Wohnung Gestaltungs- und Bewegungsfreiräume bieten, oder muss sie nur die Grundfunktionen erfüllen,
also Kochen, Essen, Schlafen, Hygiene und Ausruhen?« Flade selbst teilt sich mit ihrem Mann eine Hundert-Quadratmeter-Wohnung und ist darüber nicht traurig. Denn: »Man
kann sich auch mal aus dem Weg gehen.«

Der Berliner Architekt Van Bo Le-Mentzel lebt mit seiner vierköpfigen Familie in Berlin in einer 56-Quadratmeter-Wohnung. Seine Frau und er schlafen in einem Hochbett in der Küche, die beiden kleinen Kinder teilen sich ein Zimmer. Zeitweise kommen sie sogar mit noch weniger Platz aus, denn Le-Mentzel entwirft auch Tiny Houses – kleine, mobile Wohneinheiten, die mit allem ausgestattet sind, was Mensch so braucht, nur eben auf minimalem Platz. In seiner Arbeit beschäftigt sich Le-Mentzel viel mit dem Existenzminimum. Von ihm stammen zum Beispiel die sogenannten Hartz-IV-Möbel. Das sind Designerstücke zum Nachbauen, deren Anleitungen er verschickt. Aber nur, wenn ihm die Menschen dafür später berichten, was sie damit gemacht haben und was das mit ihnen gemacht hat. Die Frage nach dem nötigen Platz findet Le-Mentzel grundfalsch: »Das ist so, als würde ich fragen: Wie viele Noten braucht man für ein gutes Rockkonzert?«

Generell würde er nicht bestreiten, dass es einen Zusammenhang gibt zwischen Quadratmeterzahl und Wohnqualität. Entscheidend seien aber drei andere Faktoren: Erstens die Freiwilligkeit, zweitens Rückzugsmöglichkeiten und drittens der Zugang zu einem Ort, »wo ich Gemeinschaft finde – und zwar in Pantoffeldistanz«. Damit meint Le-Mentzel, man sollte gern sein, wo man ist, dort einen Raum für sich allein haben und keine weiten Strecken zurücklegen müssen, um dorthin zu gelangen, wo Gesellschaft ist.

Als Rückzugsort bleibt Le-Mentzel in seiner kleinen Wohnung manchmal nur die Toilette. Dafür liegt sein Gemeinschaftsort nur ein Stockwerk tiefer. In dem Café unter seiner Hochparterrewohnung empfängt er Gäste, werkelt in Zeiten von Corona an seinen Möbeln rum oder hängt einfach auch mal ab. »Sozialer Kitt, soziale Nachbarschaft sind stärker als Quadratmeter-Luxus«, sagt er. »Warum sollte ich einen eigenen Jacuzzi haben, wenn es Schwimmbäder gibt?«, fragt der Architekt. Für Le-Mentzel kommt es darauf an, wie Menschen ihr Umfeld nutzen, den öffentlichen Raum, die Bibliotheken, Museen, Schwimmbäder, Parks und Straßen: »Das würde die Stadt sozialer machen, als wenn die Leute sich zu Hause verschanzen und dort ihre Sachen horten: eigene Werkzeuge, eigene Bücher.« Sein Motto lautet: »Lieber teilen.«

Als Architekt und Stadtplaner weiß er aber auch, dass solche Lebensmodelle nur in Ballungszentren funktionieren, wo es eine kritische Masse gibt. Auf dem Land sieht das ganz anders aus. Dort gibt es allerdings nicht solche heftigen Verteilungskämpfe um Wohnraum. Jedenfalls noch nicht. Die Frage, wie man den eigenen Wohlstand reduziert, um das Gemeinwohl zu maximieren, die stellt sich für den Architekten Le-Mentzel schon. Ob im Landhaus oder der kleinen Stadtwohnung.

Mit kleinen Stadtwohnungen kennt sich Paola Bagna aus. Die spanische Architektin ist bekannt für ihre Mikroapartments und wohnt selbst in einer Zweizimmerwohnung in Berlin. Sie sagt: »Räume sind nicht nur Orte, die Funktionen erfüllen. Sie spiegeln einen Teil unserer Identität; sie erzeugen Anerkennung und Zugehörigkeit, schaffen Wohlbefinden, visuelles Vergnügen und ein allgemeines Wohngefühl.«

Was braucht ein Raum, damit Menschen sich darin wohl-fühlen? Bagna sagt, zunächst einmal gehe es um Proportio-nen, das Licht und die Beziehung zur Umgebung. Wie die Aussicht ist oder die Verbindung zu den Außen- und Innen-räumen, findet sie sehr wichtig. Neben den Blickachsen ach-tet sie bei ihrer Arbeit auch auf materielle Ruhe. Damit meint sie nicht Finanzpolster oder Konsumsattheit. Bagna geht es um die verwendeten Baustoffe: »Je mehr Materialien man hat, desto unruhiger. Wird die Vielfalt reduziert, kommen die Dinge in Ordnung.«

Die Frage nach der idealen Raumgröße könnte sie mit ma-thematischen und architektonischen Theorien beantworten. Etwa mit Le Corbusiers auf dem Goldenen Schnitt und den menschlichen Proportionen fußendem Modulor-Konzept, das der Architekt seit 1945 für all seine Projekte benutzte. Hilfreich, so Bagna, sei aber meist schon der Blick nach oben: »Wir denken immer, ein Raum ist ein Grundriss. Wichtig ist aber auch die Höhe.« Ein nach Flächenmaß kleiner Raum muss also nicht klein wirken. Außerdem rät sie zur Redu-zierung: »Unsere Wohnräume sind teilweise Lager, weil wir glauben, wir brauchen viele Sachen um uns rum, aber viel-leicht brauchen wir die gar nicht.« Was bleibt, sollten wir ein-räumen oder ausstellen nach dem Motto: »Was möchte ich se-hen und was möchte ich nicht sehen?«

Würde sie, die auf 45 Quadratmetern lebt, mehr Platz glücklicher machen? »Ich weiß nicht, ob mich tausend Qua-dratmeter für mich allein glücklicher machen würden«, sagt Bagna. Und ergänzt: »Wichtiger als die Fläche ist ein Platz, mit dem ich mich identifizieren kann. Wir reden immer über

Wohnungen, aber Wohnungen sind Teil eines Gebäudes, ein Gebäude ist Teil einer Stadt.« Am richtigen Ort kommt man auch mit weniger Platz aus. Und notfalls kann man die Wohnung vergrößern, indem man einfach mal richtig ausmistet. Wie Oma Agathe.

Wohnen Sie richtig?

Mit den folgenden Checklisten finden Sie heraus, ob Ihr Zuhause zu Ihnen passt – und zu Ihrem Wohlbefinden beiträgt.

Wohnen beeinflusst die Lebensqualität. Man fühlt sich besser, wenn man sich so eingerichtet hat, wie es den persönlichen Bedürfnissen und dem eigenen Geschmack entspricht. Architektur- und Wohnpsychologen bezeichnen diesen Schritt, einen Lebensraum individuell zu gestalten, als »Aneignung«. Für die Psyche ist er wichtig. »Damit dieser Prozess gelingt, gilt es, ein Bewusstsein dafür zu entwickeln, wer man ist und was für Wohnbedürfnisse man konkret hat«, sagt der Coach und Einrichtungsberater Uwe Linke aus München. Mit den folgenden Checklisten können Sie erkunden, welche Aspekte des Wohnens Ihnen wichtig sind – und ob Sie diese zu Hause derzeit gut umgesetzt haben. Neben einer ersten Orientierung darüber, wie Sie Ihre Wohnbedürfnisse besser erfüllen können, erhalten Sie auch Anregungen, wie Sie selbst als Einrichtungsmuffel bestimmte Bereiche Ihrer Wohnung ohne großen Aufwand umgestalten können.

Mehr Wissen

Das Studierendenwohnheim in Pisa besteht aus sechs separaten Gebäuden, die in jedem architektonischen Detail identisch sind – bis auf die Farbe der Innenräume (Violett, Blau, Grün, Gelb, Orange und Rot). Ein Glücksfall für die Forscher, die nun herausfinden konnten, wie Farben sich auf Lernen und Stimmung auswirken. Die Ergebnisse ergaben eine Vorliebe für blaue Innenräume, gefolgt von Grün, Violett, Orange, Gelb und Rot. Kein Wunder, denn es zeigte sich ein signifikanter Zusammenhang zwischen einer ruhigen Stimmung und der Vorliebe für Blau.

Aufgabe

Beantworten Sie die Aussagen auf den folgenden Listen mit »Ja« oder »Nein«. Wenn Sie sich nicht sicher sind, wählen Sie die Antwort, die eher passt. Zählen Sie alle »Ja«-Antworten zusammen, notieren Sie die Zahl im Extrakästchen.

1

Ja   Nein

Wenn ich meine Wohnung mit denen anderer Menschen in meinem sozialen Umfeld vergleiche, finde ich sie schön und harmonisch. ☐ ☐

Geborgenheit und Entspannung fällt mir in meinen eigenen vier Wänden sehr leicht. ☐ ☐

Ja Nein

In der Umgebung und Nachbarschaft, in der ich lebe, fühle ich mich wohl.

In den meisten Räumen meiner Wohnung sehe ich keinen Bedarf, etwas zu ändern.

Zusatzfrage: Ist der Lebensbereich Wohnen für meine innere Ausgeglichenheit wichtig?

Ergebnis: _____ x **Ja**

2

In unserer Wohnung fühle ich mich oft ungestört und kann für mich allein sein.

Ich habe einen privaten Bereich in der Wohnung oder einen Bereich, in dem mein Rückzug respektiert wird.

Es gibt in der Wohnung Möbel, etwa Schränke oder Kommoden, die niemand anders öffnen würde.

Wenn ich einmal Privatsphäre in unserer Wohnung brauche, finde ich auch gute Bedingungen dafür, damit das gelingt.

Ja Nein

Zusatzfrage: Sind mir regelmäßige ungestörte Zeiten, in denen ich mich mit mir selbst beschäftigen kann, wichtiger als anderen Menschen?

Ergebnis: _____ x Ja

3

Ich habe ein gutes Gefühl dafür, welche Einrichtungsgegenstände, Farben und Materialien zu mir passen.

Meine Freunde finden, dass meine Wohnung und der Einrichtungsstil gut zu meiner Persönlichkeit passen.

Wenn ich Bilder mit unterschiedlichen Einrichtungsstilen sehe, fällt mir die Entscheidung leicht, worin ich mich am wohlsten fühle.

Eine von anderen gestaltete Einrichtung kann schön sein, aber ich plane lieber selbst – und freue mich, wenn ich einiges davon umsetzen kann.

Ja Nein
☐ ☐

Zusatzfrage: Ist es mir wichtig, dass meine Wohnung ein Ausdruck meiner Persönlichkeit ist und zu mir passt?

Ergebnis: _____ x **Ja**

4

Leuchten suche ich nicht nur nach dekorativen Gesichtspunkten aus, sondern achte vor allem darauf, ob gutes Licht an der richtigen Stelle entsteht.   ☐ ☐

Ich bedenke immer mit, dass fehlende Helligkeit in der Wohnung schädlich für Augen und Konzentration ist – und aufs Gemüt schlägt.   ☐ ☐

Ich habe mich schon mit LED-Leuchtmitteln beschäftigt und plane die Beleuchtung in meiner Wohnung bewusst.   ☐ ☐

In jedem Raum gibt es bei mir drei oder mehr unterschiedliche Lichtquellen.   ☐ ☐

Ja Nein

Zusatzfrage: Bin ich ein Mensch, der viel Licht und Helligkeit braucht, um aktiv und lebendig zu sein?

Ergebnis: _____ x **Ja**

5

Ich fühle mich mit meiner Einrichtung sicher, geborgen und kann auftanken.

Auch wenn ich allein bin und alles ganz still ist, fühle ich mich in meiner Wohnung wohl. Eine Geräuschkulisse durch Medien brauche ich eher nicht.

Ich weiß, an welchen Plätzen ich zu Hause gut abschalten kann und es gemütlich habe – und suche diese auch auf.

In meiner Wohnung fühlen sich auch meine Freunde und Gäste wohl.

Zusatzfrage: Ist es mir wichtig, dass ich in meiner Wohnung innere Ruhe und Geborgenheit finde?

Ergebnis: _____ x **Ja**

6

Ja   Nein

Wenn sich meine Lebenssituation ändert, etwa die Kinder das Haus verlassen, verändere ich auch meine Einrichtung und Wohnung dementsprechend.

Meine Einrichtung entspricht meinen momentanen emotionalen Bedürfnissen und nicht nur dem praktischen Bedarf.

Ich frage mich immer mal wieder, ob bestimmte Möbelstücke oder Einrichtungsgegenstände noch zu meinem heutigen Lebensgefühl passen.

Ich sortiere regelmäßig aus und trenne mich von Dingen, die ich nicht mehr brauche oder schon lange nicht mehr benutzt habe.

Zusatzfrage: Fällt es mir manchmal schwer, bestimmte Lebensphasen loszulassen oder mich zu verändern?

Ergebnis: _____ x Ja

Allgemeines Wohlbefinden

Wenn Sie in dieser Liste zweimal oder seltener mit »Ja«
geantwortet haben, deutet das darauf hin, dass Sie in puncto Wohnen eher unzufrieden sind und die eigenen vier Wände möglicherweise nicht so nutzen und gestalten, wie es Ihren Bedürfnissen entspricht. Vor allem, wenn Sie in der Zusatzfrage angegeben haben, dass Wohnen für Sie sehr wichtig ist, könnte es sich lohnen, sich mit dem Thema genauer auseinanderzusetzen. Sie möchten herausfinden, wo der meiste Änderungsbedarf besteht? Dann nutzen Sie die weiteren Auswertungen dieses Checks, die Ihnen zumindest einen ersten Eindruck vermitteln, ob Ihnen eher Stille oder Helligkeit, Privatheit oder das Gefühl, dass die Wohnung zu Ihrer Persönlichkeit passt, fehlen.

> **Tipp:** Kennen Sie den Nach-Hause-kommen-Effekt? Es ist dieser Moment, wo einem nach einem Urlaub die eigene Wohnung erst einmal fremd erscheint. Nutzen Sie diese gesunde Distanz bei der nächsten sich bietenden Gelegenheit: Gehen Sie gleich in den ersten Stunden nach der Rückkehr mit dem Blick eines Besuchers durch Ihre Wohnung, und schauen Sie Raum für Raum, wo Ihnen Atmosphäre und Einrichtungen behagen – und was Sie stört. Entscheiden Sie dann, in welchem Raum Sie sich am unwohlsten fühlen,

und versuchen Sie, drei konkrete Punkte auszu-
machen, an denen das liegt – zu wenig Licht, zu
viele zugestellte Ecken, unpassende Farben. Verändern Sie dann einen dieser drei Punkte direkt
in der Woche nach der Rückkehr.

 ## Privatheit

Mit dieser Liste können Sie feststellen, ob Sie bei sich zu Hause genug Rückzugsmöglichkeiten haben. Falls Sie allein leben, ist diese Checkliste für Sie nicht relevant. Für alle,
die sich mit Partnern, Kindern, anderen Familienmitgliedern oder Freunden den Wohnraum teilen, ist sie umso auf-
schlussreicher: Wenn Sie etwa nur **zweimal oder seltener
mit »Ja« geantwortet** haben, haben Sie wahrscheinlich zu
Hause zu wenig Privatsphäre. Falls Sie darüber hinaus auch
die Zusatzfrage mit »Ja« beantwortet haben, sollten Sie dieses Thema unbedingt ernst nehmen. Vor allem introvertier-
te Personen geraten leicht aus dem Tritt, wenn sie zu Hause
keine Rückzugsorte oder -zeiten haben. Tatsächlich ist das
Ringen um Privatsphäre erst im zweiten Schritt ein Wohn-
thema. Zunächst geht es darum, mit dem Partner oder auch
mit den Kindern zu klären, in welchen Zeiten und in welchen
Zonen der Wohnung man nicht gestört werden will. In den
allermeisten Fällen ist es ein reines Absprachethema und er-
fordert höchstens noch das Vereinbaren neuer Gewohnhei-

ten. Es gilt, darüber zu sprechen, dass man die Routine etwas modifizieren will – und sich gegenseitig den regelmäßigen Rückzug auch zu erlauben.

Tipp: Paare oder Familien, die nicht ausgesprochen beengt wohnen, könnten eine neue Raumaufteilung zugunsten von mehr Privatsphäre für alle vornehmen. So verzichten manche Familien auf ein Esszimmer und richten in der Küche einen Essbereich ein, dafür bekommt jedes Kind ein eigenes Zimmer oder ein Partner ein Rückzugszimmer. Wer kaum Platz hat, kann mithilfe von Vorhängen oder Paravents zumindest ein wenig Privatsphäre in bestimmten Zonen der Wohnung schaffen. Außerdem kann man mit Bitte-nicht-stören-Schildern arbeiten.

 Identität

Wohnpsychologen sind sich einig, dass die eigene Wohnung eher ein Spiegel der Persönlichkeit sein sollte, als in erster Linie repräsentative oder funktionale Zwecke zu erfüllen. Wenn Sie in dieser Liste zweimal oder häufiger »Ja« angekreuzt haben, gelingt es Ihnen wahrscheinlich gut, Ihren Wohnraum nach Ihrem Stil zu gestalten. Falls Sie hier weniger als zweimal mit »Ja« geantwortet haben, könnte das ein Anlass sein, dem Thema »authentisches Wohnen« mehr Aufmerksamkeit zu schenken. Besonders, wenn Sie gleichzeitig in der Zusatzfrage »Ja« angekreuzt haben, kann es für Sie bedeutsam sein, sich dem Thema bewusst zuzuwenden.

Überlegen Sie dazu in einem ersten Schritt, ob Sie eher zu den Menschen gehören, die das Wohnen zu pragmatisch sehen und deshalb einen eigenen Stil vernachlässigen. Oder ob Sie im Gegenteil sehr auf Moden und Außenwirkung achten und sich deshalb vielleicht gar nicht so wohl zu Hause fühlen, wie Sie es könnten. Haben Sie eine Antwort gefunden? Dann könnten Sie beim nächsten Mal, wenn der Pragmatismus Sie einholt (»Das brauche ich doch gar nicht«) oder wenn der Repräsentierreflex einsetzt (»Diese Lampe würde Eindruck machen«), bewusst gegensteuern und sich stattdessen fragen: »Was würde mir gefallen?«

> **Tipp:** Üben Sie sich bei kleinen Neuerungen in der Wohnung darin, Ihren eigenen Stil zu finden. Suchen Sie in den nächsten Wochen zwei Einrichtungsgegenstände nur danach aus, dass Sie sie als schön und passend empfinden. Wichtig: Sollten Sie gerade größere Anschaffungen planen, etwa ein neues Sofa, verfahren Sie ebenso. Lassen Sie sich Zeit, bevor Sie etwas kaufen, und schlafen Sie eine Nacht darüber, ehe Sie sich entscheiden.

 **Licht**

Wenn Sie in dieser Checkliste zweimal oder häufiger »Ja« geantwortet haben, haben Sie die Wichtigkeit des Themas Beleuchtung wahrscheinlich bereits erkannt – und sich damit auseinandergesetzt, wie gute Lichtlösungen aussehen können. Falls Sie weniger als zweimal »Ja« angegeben haben, sind Sie in guter Gesellschaft: Viele Menschen fühlen sich mit dem Thema Licht überfordert. Doch die Auseinandersetzung lohnt sich: Zu wenig Licht, das wissen viele, macht müde und depressiv, eine zu helle Wohnung führt dagegen dazu, dass man am Abend nicht gut abschalten kann. Gerade wenn Sie auch die Zusatzfrage mit »Ja« beantwortet haben, aber bisher wenig Kompetenzen in Beleuchtungsfragen haben, könnte es lohnen, sich in dem Punkt professionell beraten zu lassen.

Tipps:

- Jeder Raum sollte zunächst gut ausgeleuchtet, also hell genug sein. Dann werden mit einigen wärmeren und dekorativen Lichtquellen noch weitere Impulse gesetzt.
- Wo Arbeitsplatten sind, in der Küche oder am Schreibtisch, braucht man helle, gleichmäßige Ausleuchtung und eher kaltes, »blaues« Licht, das wach macht. Achtung: Blaues Licht von Bildschirmen hält auch wach!

- Wo man zur Ruhe kommen will, braucht man eher warmes und »rotes« Licht, das mehr Gemütlichkeit ausstrahlt.
- Irgendeine Leuchte in der Mitte des Raumes aufzuhängen, weil dort ein Anschluss ist, scheint einfach, schafft selten dort Licht, wo es gebraucht wird. Es lohnt sich, genau zu schauen, an welcher Stelle die zentrale Lichtquelle sinnvoll ist.
- Tagsüber braucht man mehr blaues Licht in der Wohnung – eine Mischung aus Tageslicht und helleren Lichtquellen; am Abend sollte der Rotanteil der Beleuchtung überwiegen – so wird der Biorhythmus durch die künstlichen Lichtquellen unterstützt.

5   Ruhe und Gemütlichkeit

Die Kompetenz, sich zu Hause ein gemütliches Nest zu bauen, bestimmt mit, ob man die eigene Wohnung als Ort empfindet, an dem man innerlich zur Ruhe kommt. Haben Sie in diesem Check **mehr als zweimal mit »Ja« geantwortet,** dann wissen Sie wahrscheinlich, wie Sie es sich gemütlich machen. Haben Sie seltener mit »Ja« geantwortet, gleichzeitig aber die Zusatzfrage bejaht, sollten Sie diesen Punkt als Erstes angehen. Ob man in den eigenen vier Wänden zur

Ruhe kommt oder nicht, ist zum Teil eine Frage der Einrichtung, zum Teil ein persönliches Thema: Falls Sie merken, dass Sie zu Hause dauernd mit Umräumen oder Aufräumen beschäftigt sind und sich auch abends kaum ruhig hinsetzen, kann es sein, dass Sie Angst vor Einsamkeit oder »Leere« haben und sich deshalb ständig beschäftigen. Ähnliches gilt, wenn man dauernd TV, Musik oder andere Ablenkungen aufdreht. Falls Sie sich hier angesprochen fühlen, probieren Sie, durch neue Rituale an einem gemütlichen Platz in der Wohnung mehr Geborgenheit und Ruhe zu finden. Suchen Sie sich eine »Lieblingsecke«, und probieren Sie, dort regelmäßig für eine halbe Stunde zu lesen, zu meditieren, einfach nur nichts zu tun. Wiederholen Sie das möglichst an mehreren Tagen zur selben Zeit.

Tipp: Je gemütlicher dieser Platz eingerichtet ist, desto eher werden Sie ihn »annehmen«. Nutzen Sie warme Farben, passendes Licht, unterschätzen Sie nicht die Wirkung von Wohntextilien wie flauschigen Teppichen und schönen Vorhängen. So bekommt ein Raum eine ruhigere Akustik und eine einladende Atmosphäre.

Wandlungsfähigkeit

Wohnen soll uns Stabilität geben. Dennoch ist unsere Art zu wohnen nicht statisch, sondern verändert sich je nach Lebensphase. Wenn Sie in dieser Checkliste **mehr als zweimal mit »Ja« geantwortet** haben, dann ist das ein Zeichen dafür, dass Sie diesen dynamischen Prozess annehmen und Ihre Wohnumgebung immer wieder »updaten«. Haben Sie hier weniger als zweimal »Ja« angekreuzt, kann es sein, dass Sie möglicherweise zu sehr in einer Umgebung verharren, die einmal gut war, aber jetzt nicht mehr passt. Auch eine »Ja«-Antwort in der Zusatzfrage verstärkt die Tendenz, an bereits Bestehendem zu sehr festzuhalten. Es könnte dann hilfreich sein zu überprüfen, ob es in Ihrer Wohnung oder Ihrem Haus Möbelstücke oder Einrichtungselemente gibt, die einer längst vergangenen Lebensphase angehören und von niemandem mehr richtig genutzt werden. Da kann es ratsam sein, sich ein wenig zu erneuern oder sogar die ganze Wohnung umzugestalten. Wenn Partner ein- oder ausziehen, wenn Kinder kommen oder aus dem Haus gehen, ist es gut, diese große Veränderung auch in seiner Wohnumgebung zu vollziehen und eine Neuausrichtung vorzunehmen. Nur dann kann man sich auch in der neuen Lebensphase einrichten.

Tipp: Wie sehr man möglicherweise an längst abgeschlossenen Phasen hängt, spürt man deutlich, wenn man sich mal im Keller oder auf dem Dachboden umschaut. Stöbern Sie dort ein paar Stunden herum und entscheiden Sie, was überholt und nutzlos geworden ist. Diese Mini-Entrümpelung kann auch den Prozess einer Veränderung in den eigentlichen Wohnräumen anregen.

COACHING

Wohlfühlen beim Wohnen

Ist Ihre Wohnung so gestaltet, dass Sie sich dort zu Hause fühlen? Bei vielen Menschen ist das leider nicht der Fall. Mit diesem Coaching lernen Sie, eine angenehme Atmosphäre in den eigenen vier Wänden zu schaffen.

Das Esszimmer wirkt unaufgeräumt und vollgestellt. Den alten Bauernschrank im Schlafraum kann man nicht mehr sehen. Und die Deckenlampe im Flur ist ein Provisorium – und wirft ein deprimierend schwaches Licht. Wenn man im Geiste durch die Räume der eigenen Wohnung geht, findet man schnell zahlreiche Schwachstellen. Ergebnis: In manchen Zimmern fühlt man sich nicht oder nicht mehr wirklich wohl und aufgehoben.

Dabei kann man mit Kniffen aus der Wohnpsychologie auf einfache Weise Problemzonen in Wohlfühlzonen verwandeln. »Wichtig ist dabei allerdings, dass man erst einmal bewusst wahrnimmt, in welchen Bereichen die eigene Wohnung den persönlichen Bedürfnissen entspricht – und in welchen nicht«, sagt die Wohnpsychologin und Buchautorin Dr. Barbara Perfahl. Mit dem folgenden praxisnahen Coaching lernen Sie in kleinen Schritten, Ihre persönlichen Wohnbedürfnisse zu bestimmen.

Dauer

Das Coaching ist auf acht Wochen ausgelegt. Aber so schnell müssen Sie nicht ausmisten und neue Möbel anschaffen. Lassen Sie sich also die Zeit, die Sie brauchen – aber bleiben Sie konsequent dabei.

Schritt 1: Tourist im eigenen Wohnzimmer

Eine Wohnung umzugestalten, Wände in einer anderen Farbe zu streichen oder eine neue Lampe zu kaufen, ist kein so großer Aufwand. Und meist ist das praktische Umgestalten eigentlich gar nicht so schwer. Viel mehr Zeit und Anlauf braucht es, um überhaupt bewusst wahrzunehmen, wo die eigene Wohnung den persönlichen Bedürfnissen entspricht und zum Wohlfühlen beiträgt – und wo nicht. Dazu fehlt uns oft der Abstand, wir sind quasi betriebsblind. Jahrelang gehen wir an einer provisorischen Lampe oder einem irgendwann mal schnell gekauften Sessel vorbei und nehmen gar nicht mehr wahr, dass die Dinge nicht passen. Damit Sie erkennen, was in Wohnzimmer, Arbeitsraum oder Küche ein Wohlfühlfaktor ist und was regelrecht nervt, finden Sie hier eine praktische Übung zur Sensibilisierung Ihrer Wahrnehmung:

Übung: Tourist in der eigenen Wohnung

Nehmen Sie sich in den nächsten Tagen immer mal wieder eine Viertelstunde Zeit, um die einzelnen Räume Ihres Heims durch die »Brille eines Besuchers« zu sehen. Damit dieser Blick gelingt, stellen Sie sich jeweils mit etwas Ruhe in den Türrahmen eines Zimmers, zücken Sie Ihr Handy, und machen Sie zuerst ein Foto in den Raum hinein – und dann jeweils in alle vier Ecken des Zimmers. Gucken Sie aus dieser Position auch schon mal, was Ihnen besonders ins Auge fällt:

Welche Ecke ist besonders gemütlich? Wo sammelt sich Gerümpel? Wo ist es dunkel? Was stimmt nicht mehr?

Achten Sie auch darauf, welche Empfindungen Sie beim Blick in Ihr Zimmer haben: Weite oder Enge? Freude oder Stress? Schauen Sie sich dann in einem nächsten Schritt noch die Fotos auf dem Mobiltelefon an. Das zweidimensionale Bild vergrößert die Distanz zum eigenen Wohnraum und verdeutlicht, wo die Wohnung passt und wo nicht. Halten Sie für jeden Raum zwei oder drei Punkte fest, die positiv sind, und zwei oder drei Dinge, die Sie negativ finden oder ändern wollen.

Wichtig: Überlegen Sie auch, ob Sie eher ein Wohnmuffel oder ein Wohnprofi sind. Denn bei den Übungen in den nächsten Schritten werden wir immer mal Tipps für Anfänger und Fortgeschrittene unterscheiden. Der Grund: Das Interesse am Thema Wohnen ist bei manchen Menschen sehr groß, bei anderen herrscht beinahe Gleichgültigkeit.

Wenn Sie sich also eher selten und ungern mit Einrichtungsfragen beschäftigen, kann es für Sie lohnend sein, sich für die oben beschriebene Übung nur einmal eine Stunde Zeit am Stück zu nehmen und dann zügig, aber sorgfältig durch alle Räume zu gehen. Wählen Sie nach dieser Bestandsaufnahme zunächst nur einen Raum aus, den Sie sich in den nächsten Wochen genauer vornehmen wollen, entweder, weil es Ihnen Spaß machen würde, oder, weil Sie großen Handlungsbedarf sehen.

Sind Sie dagegen jemand, der ohnehin Spaß am Einrichten hat, können Sie in dieser Aufgabe schwelgen: Drucken

Sie die Fotos aus, legen Sie, wenn Sie wollen, ein kleines Notizbuch für die Plus- und Minus-Punkte in der eigenen Wohnung, für die anstehenden Veränderungen – und für weitere Aufgaben dieses Coachings an. Entscheiden Sie selbst, wie es Ihnen angenehm ist.

Bleiben Sie erst mal lediglich beim Wahrnehmen und Sondieren. In den nächsten Einheiten bekommen Sie dann praktische Anleitungen für Veränderungen.

Schritt 2: Fünf-drei-Regel – wie Sie ganz einfach ausmisten

Wir haben zu viel Zeug. Und das macht selbst die wohnlichsten Räume unruhig und ungemütlich. Deshalb waren Ausmisten und Wegschmeißen schon bewährte Mittel bei der Bessergestaltung von Wohnraum, lange bevor Ratgeber im Stil der japanischen Aufräumberaterin Marie Kondo Verkaufsschlager wurden.

Dass wir uns bereits im zweiten Schritt des Coachings mit diesem Thema beschäftigen, hat vor allem einen Grund: Das Weggeben und Ausrangieren von Dingen ist oft der simpelste und preisgünstigste Schritt, um eine Wohnung oder ein Haus wohnlicher zu machen – und mehr Ruhe und Ordnung zu schaffen.

Es gibt zahlreiche Studien, die belegen, dass äußere Ordnung auch zu Wohlbefinden führt, zumindest in Maßen. Um das Aufräumen besser angehen zu können, erhalten Sie auch in dieser Woche wieder zwei Aufgaben: eine ist für Anfänger in Sachen Wohngestaltung, die andere für Fortgeschrittene.

Für Anfänger: Drei, zwei, eins, keins

Laufen Sie diese Woche jeden Tag fünf Minuten lang durch Ihre Wohnung und sortieren Sie drei Dinge aus. Es können Kleinigkeiten wie alte Zeitschriften, kaputte Geräte oder Teller mit »Macken« sein, es kann aber auch schon ein kleines Möbelstück oder ein Einrichtungsgegenstand sein, z.B. ein Hocker, Beistelltisch oder Zeitungsständer, der Ihnen nicht mehr gefällt. Nehmen Sie für diese Ausmist-Minuten ruhig auch noch mal Ihre Wohnungsfotos mit den Schmuddel- und Düsterecken aus der vergangenen Woche zu Hilfe.

Sie werden sehen: Während es anfangs noch recht schwer ist, sich von Sachen zu trennen, wird durch die tägliche Routine das Wegwerfen einfacher. So trennen Sie sich nach und nach von Dingen, mit denen Sie sich gar nicht mehr wohlfühlen.

Für Fortgeschrittene: Tiefenordnung, bitte

Wer gern und sehr bewusst sein Haus einrichtet, hält in den wichtigsten Zimmern meist eine gewisse Ordnung. Anders sieht es allerdings im Keller oder auf dem Dachboden aus. Nehmen Sie sich deshalb einen dieser Stauräume vor: Misten Sie jeden Tag fünf Dinge aus dem Keller oder vom Dachboden aus. Tun Sie das die ganze Woche über. Sie werden sehen, dass das Ausrangieren im Keller Ihnen nicht nur hilft, Platz zu schaffen. Sie werden auch oben im Wohnbereich einen kritischeren Blick auf Ihre Sachen werfen – und eher bemerken, welche Sachen Sie eventuell nicht mehr brauchen oder weggeben wollen.

Wichtig: Ausmisten und dann sofort alles wegschmeißen ist zwar befriedigend, aus Gründen der Nachhaltigkeit aber nicht empfehlenswert. Wenn Sie können, bringen Sie die ausrangierten Sachen in ein Sozialkaufhaus oder werfen Sie diese in den Altkleidercontainer. Falls Sie allerdings ein sehr unordentlicher Mensch sind, kann es sein, dass das »für die Altkleidersammlung Ausmisten« Sie überfordert, weil Sie dann letztlich nur eine neue Kiste mit Kram irgendwo stehen lassen. Erlauben Sie sich dann, zumindest kaputte Dinge oder fleckige Klamotten wirklich wegzuwerfen. Oder stellen Sie eine Kiste mit Zeug vors Haus oder in den Hausflur – oft sind die Sachen dann erstaunlich schnell weg.

Wenn Sie bemerken, dass Ihnen das Ausmisten guttut und dass es den Wohlfühlfaktor in Ihrer Wohnung erhöht, können Sie die Drei-Dinge-am-Tag-wegwerfen-Regel gern über die Zeit des Coachings weiter anwenden.

Tipp zu Wänden: Bilder und Wandschmuck hängen oft jahrelang herum, ohne dass man sich klarmacht, ob die Sachen taugen oder nicht. Probieren Sie deshalb Folgendes: Nehmen Sie von einer Wand oder von einem vollgehängten Kühlschrank et cetera einmal alle Bilder und Fotos ab. Hängen Sie im zweiten Schritt auf die freie Fläche nur noch das, was Ihnen richtig gut gefällt. Und zwar am besten einen Tag später! Sehr oft kommen dann nur noch die Dinge an die Wand, die man wirklich liebt. So stellt sich eine »neue Luftigkeit« ein.

3

Schritt 3: Neu einrichten – so bekommen Sie eine Musterwohnung

Die meisten Einrichtungsveränderungen scheitern laut Wohnpsychologin Barbara Perfahl daran, dass sie nicht ohne Weiteres realisierbar sind – sondern meist scheinbar unzählige Entscheidungen nach sich ziehen.

Wer kennt das nicht: Man will ein neues Sofa fürs Wohnzimmer besorgen, aber um entscheiden zu können, welches es sein soll, muss man erst überlegen, wo es überhaupt stehen soll, ob die Vorhänge dann noch passen und ob man den geliebten Ledersessel von Oma ausrangieren muss. Solche Entscheidungskaskaden überfordern Ungeübte. Auch weil der Großteil der Menschen nicht das räumliche Vorstellungsvermögen besitzt, um sich auszumalen, wie ein bestimmtes Möbelstück im Raum aussehen wird.

Damit der Elan der Veränderung und Verschönerung nicht durch unzählige Folgefragen gedämpft wird, erhalten Sie ein paar Tipps, wie Sie durch schlichtes Ausprobieren herausfinden, welche Pläne Potenzial haben und welche nicht. Denn: Mit dem kreativen Herumprobieren vermeidet man Fehlkäufe und spart Zeit. Denn man geht erst los zum Möbelkaufen, wenn man bereits eine genaue Vorstellung hat.

Im Folgenden finden Sie eine Liste von spielerischen Möglichkeiten, mit denen Sie typische Einrichtungsprobleme angehen können. Und mit deren Hilfe Sie direkt ausprobieren, wie bestimmte Veränderungen in Ihrem Wohnbereich aussehen würden. Suchen Sie sich einen dieser Tipps heraus, und experimentieren Sie damit. Suchen Sie die Aufgabe aus, die Sie spontan am meisten anspricht. Oder beschäftigen Sie sich mit der Aufgabe, die Ihre größte »Baustelle« beim Wohn-Wohlbefinden betrifft. Wenn Sie nicht mehr genau wissen, welche es ist, gucken Sie doch noch mal die Wohnungsfotos auf Ihrem Handy durch – dann fällt es Ihnen wieder ein.

Experimentierstunde

Problem: Düstere Ecken oder Räume.

Beleuchtung ist ein Thema für sich. Wenn Sie bestimmte Räume zu düster finden, aber nicht genau wissen, wie Sie diese beleuchten wollen und sollen, probieren Sie es einfach aus: Kaufen Sie sich ein paar preisgünstige Papierlampen oder Strahler, und leuchten Sie Ecken aus, geben Sie Licht von oben, oder testen Sie, wie eine zusätzliche Lampe auf einem

Tischchen aussieht. Wenn man so die Wohnung neu ausleuchtet – gern in unterschiedlichen Wärme- und Helligkeitsstufen – sieht man schnell, wo mehr und anderes Licht wirklich eine bessere Stimmung macht. Und welche zum Ausprobieren angebrachte Klemmleuchte man schließlich durch eine schöne, neue Lampe ersetzt.

Problem: Wo passen neue Möbel hin?

Bevor Sie ein neues Sofa oder einen Schrank kaufen: Bauen Sie einmal die jeweiligen Möbel mit »Stellvertretern« auf und gucken Sie, wie es im Raum wirkt. Aus Stühlen kann man gut ein Sofa zusammenstellen, das man im Raum auch verschieben kann. Die Wirkung eines neuen Regals kann man testen, wenn man ein bereits im Bestand vorhandenes Regal kurz an den vorgesehenen Platz stellt. Auch Schreibtische et cetera kann man mit bestehenden Tischen nachbilden. Für viele Menschen ist das ein Aha-Erlebnis, sie können sich danach viel eher vorstellen, wie groß ein neues Möbelstück sein sollte oder welche Position es haben sollte.

Problem: Neue Farben an die Wand

Petrol, Anthrazit, Ochsenblutrot. Ob diese Töne an einer Küchenwand oder als Vorhangstoff taugen, wagen die meisten Leute nicht aus dem Stand zu beantworten. Statt zu grübeln oder zu zaudern: Kaufen Sie sich zum Beispiel günstige Kissen oder Accessoires in der gewünschten oder angedachten Farbe und beobachten Sie, ob diese Ihnen über ein, zwei, drei Wochen zusagen. Danach entscheiden Sie, ob Sie ganze Wände in der Farbe streichen wollen. Wichtig: Einrichtungsfachleute würden bei diesem Tipp vielleicht einwenden, dass es durchaus objektive Kriterien dafür gibt, welche Farbe wie in welchem Zimmer wirkt. Das ist zwar richtig. In diesem Coaching geht es aber nicht primär darum, die eigene Wohnung nach ästhetischen Maßstäben optimal zu gestalten, sondern darum, den Wohlfühlfaktor zu erhöhen. Und das gelingt, indem man einfach schaut, was einem gefällt und was die Laune hebt!

Haben Sie ein Experimentierfeld gefunden? Dann versuchen Sie, sich an einem Tag in dieser Woche mit diesen kleinen Farb-, Licht- oder Einrichtungsexperimenten zu beschäftigen. Denken Sie auch weiterhin daran, jeden Tag drei Dinge auszurangieren – wenn Sie Wohnmuffel sind. Wohnprofis können die Ergebnisse der Experimente in ihr Notizbuch oder auf Zetteln notieren!

Schritt 4: Wohn-DNA – das macht ein gutes Zuhause aus

Unter welchen Bedingungen fühlen Sie sich in einem Zimmer wohl? Wann entstehen bei Ihnen Gefühle von Geborgenheit oder Zufriedenheit? Sehr viele Menschen können auf diese Frage keine klare Antwort geben. Um sich ein Wohlfühl-Zuhause einzurichten, ist es aber wichtig zu wissen, welche Faktoren sich positiv auswirken – und welche psychischen Bedürfnisse für einen selbst beim Wohnen primär wichtig sind. Es gibt Menschen, die brauchen Klarheit, hohe und helle Räume. Andere brauchen eher eine kuschelige Atmosphäre oder das Gefühl, alles kreativ und originell gestalten zu können.

Deshalb haben wir verschiedene Reflexionsfragen zusammengestellt, mit denen Sie sich und Ihre Wohnvorlieben und Abneigungen etwas besser kennenlernen können. Dabei ist es hilfreich, die persönliche Wohngeschichte als roten Faden zu nehmen. Hintergrund ist die Annahme, dass viele Menschen geschmacklich durch ihre Kindheitswohnung geprägt werden. Aber auch andere Wohnstationen haben Einfluss.

Lesen Sie die Liste mit Reflexionsfragen im Folgenden durch, und versuchen Sie, die Fragen zu beantworten. Sie können das im Kopf machen. Sie können aber auch Ihr Notizbuch oder Zettel und Stift zur Hand nehmen und die Antworten aufschreiben:

Reflexion

Meine Vorlieben, meine Wohngeschichte:

- Denken Sie einen Moment an Ihr Elternhaus, die Wohnung, in der Sie aufgewachsen sind: Was waren Ihre Lieblingsplätze? Welche Möbel oder Einrichtungsgegenstände haben Sie geliebt?
- Was fanden Sie in Ihrem Elternhaus geschmacklos oder ungemütlich?
- Was würde Ihnen aus Ihrer Kindheitswohnung in den eigenen vier Wänden gefallen, bzw. welche Stimmung würden Sie dort gern auch erzeugen?

- Denken Sie nun an Ihre erste eigene Wohnung: Was hat Ihnen da gut gefallen? Welche Möbel oder Ecken mochten Sie? Was eher nicht?
- Haben oder hatten Sie Wohnvorbilder? Gibt es Wohnungen von Freunden oder Verwandten, die Sie sehr lieben und wo Sie sich fast wohler fühlen als zu Hause? Was ist dort so schön?
- Gibt es Wohnungen, in denen Sie sich ungern aufhalten, selbst wenn Sie die Menschen, die dort leben, gern mögen? Woran liegt es?

Halten Sie nach dieser Reflexion noch einmal inne, und fassen Sie zusammen: Was waren Aha-Erlebnisse? Was sind Konstanten, die Sie immer wieder nennen, wenn es ums Wohnen und Wohlfühlen geht? Ist es Gemütlichkeit, Klarheit, Luxus oder Kreativität? Versuchen Sie, einen passenden Oberbegriff zu finden. Wenn Sie Ihren wichtigsten Wohn-Wohlfühlbegriff gefunden haben, dann kaufen Sie sich in dieser Woche einen kleinen Einrichtungsgegenstand, der diesen repräsentiert, z.B. eine flauschige Decke für Geborgenheit oder ein Accessoire, das Klarheit ausstrahlt.

Denken Sie in den kommenden Coaching-Einheiten immer mal wieder an diesen für Sie zentralen Wohlfühlbegriff, und arbeiten Sie daran, dass Ihre Wohnung von diesem für Sie wichtigen Faktor immer mehr bekommt.

Schritt 5: Gar nicht so schwer – mehr Licht!

Die meisten Wohnungen sind zu dunkel: Die Zahl der Lampen ist zu gering, und die Hauptlichtquelle ist oft eine einzige Deckenleuchte, die an der vorgesehenen Halterung klemmt.

Oft verdüstert eine miese Beleuchtung nicht nur die Atmosphäre der Wohnung – auch Wohlbefinden und Stimmung hängen ganz entscheidend davon ab, wie viel Licht ein Raum bekommt, in dem man sich täglich viele Stunden aufhält. Deshalb geht es dieses Mal in den Tipps und Aufgaben vor allem um Lichtlösungen. Wie beim Aufräumen und Wegwerfen gilt auch hier: Sie können mit einfachen Mitteln viel mehr Wohlbefinden erzeugen.

Wir stellen Ihnen hier drei verschiedene Übungen zur Verfügung, mit deren Hilfe Sie aktiv gestalten können, was für ein Licht ab jetzt in Ihre Wohnung fällt. Eine der Übungen ist eine Art Basis-Licht-Tipp für alle. Die zweite richtet sich eher an Einrichtungsmuffel, die dritte ist für Fortgeschrittene gedacht.

Für alle: Fenster frei

Je mehr Tageslicht in eine Wohnung fällt, desto wohler fühlt man sich dort. Deshalb heißt es in Sachen Lichtgestaltung zuallererst mal: Schauen Sie sich Ihre Fenster an! Haben Sie leichte Vorhänge oder schwere Stores? Ist die Fensterbank vollgestellt mit Pflanzen? Haben Sie die Angewohnheit,

Rollläden auch tagsüber ein wenig runterzulassen. Widmen Sie sich in diesem ersten Schritt einmal gezielt der Vorhang- und Fenstersituation.

Wenn Sie merken, dass zu viel Fensterfläche verdeckt ist, experimentieren Sie mal wieder: Stellen Sie die Pflanzen vorübergehend weg, hängen Sie schwere Vorhänge ab. Lassen Sie einige Tage auf sich wirken, welche Atmosphäre die Räume nun haben – und wie Sie sich darin fühlen. Wenn das ein Gefühl von Freiheit oder Klarheit auslöst, sollten Sie vielleicht dabei bleiben.

Wichtig: Viele Menschen möchten auch die Möglichkeit haben, sich vor fremden Blicken zu schützen. Suchen Sie zumindest in Wohn- und Schlafzimmer nach Lösungen, wie Sie tagsüber möglichst viel Licht bekommen und abends Privatsphäre haben. Möglichkeiten sind sehr leichte, blickdichte Vorhänge oder Rollos. Wer Rollläden hat, kann je nach Geschmack auch ganz auf Gardinen verzichten.

Für Anfänger: Neu mischen

Wer sich schon einmal mit Wohnraumgestaltung auseinandergesetzt hat, kennt die Faustregel »Jeder Raum braucht mindestens drei unterschiedliche Lichtquellen.« Ideal ist ein zentrales, helleres und oft kälteres (»blaues«) Licht, das den Raum ausleuchten kann, weiterhin Spots zum Lesen oder für bestimmte Arbeitsbereiche und schließlich stimmungsvolle Leuchten, die Akzente setzen und »rotes«, also wärmeres Licht geben. Probieren Sie in den nächsten Tagen mit vorhandenen Stehlampen, Klemmleuchten et cetera herum. Wichtig: Ob man blaues, kälteres Licht oder wärmeres Licht bevorzugt, ist zum Teil Geschmackssache.

Psychologisch gesehen ist warmes Licht beruhigend und entspannend, während kaltes Licht zum Arbeiten am Schreibtisch oder auch in der Küche besser passt – es macht wach, fördert eher die Konzentration. Prüfen Sie deshalb auch ruhig noch mal, ob in den Zimmern, in denen Sie Ruhe suchen, also Schlafzimmer und Wohnzimmer, auch die Lichtbedingungen entspannend wirken. Verändern Sie gegebenenfalls die Lichtsituation.

Für Fortgeschrittene: Akzente setzen

Licht kann nicht nur die Stimmung verändern, sondern auch die Wahrnehmung lenken. Kleine Inszenierungen mit einem »Spot« kann man ganz einfach erzeugen, indem man damit auf einem Sideboard oder auf einem Regal einen schönen Gegenstand anleuchtet. Ein Stapel schöner Bücher oder ein einzelnes wertvolleres Reiseandenken, auf einem Sideboard im Flur, das von oben mit angeleuchtet wird, kann Fokussierung bringen und edel wirken.

Probieren Sie es mit einer vorhandenen Leuchte aus, gucken Sie auch, in welchem Winkel der Gegenstand angestrahlt werden sollte. Wenn Sie den Effekt mit den provisorischen Hilfsmitteln schon gut finden: Kümmern Sie sich in dieser Woche um eine neue Lampe, die diesen Akzent setzen kann.

Schritt 6: Neu aufgeteilt – Raumzonen definieren

Sie beschäftigen sich nun schon einige Zeit damit, Ihre Wohnung nach Ihren Bedürfnissen zu gestalten. Dieser Prozess zeigt nicht nur die Möglichkeiten, sondern auch die Grenzen: Einen Grundriss kann man kaum verändern. Die Anzahl der Quadratmeter und Zimmer erst recht nicht.

In vielen Stadtwohnungen und in Familienwohnungen entsteht schnell das Gefühl: Alles ist zu eng! Es ist nicht für alle Bedürfnisse Platz. Denn natürlich hat man auch in einer großen Fünfzimmerwohnung nicht jeweils für Essen, Schlafen, Ausruhen, Lesen, Kochen, Arbeiten, Trompete-Üben, Kinderspiele einen separaten Raum.

Auch viele Single- und Studentenapartments haben das Problem, dass alle Funktionen – Essen, Schlafen, Arbeiten, Kochen – in einem oder zwei Räumen stattfinden müssen. Eine neue Wohnung muss aber, wenn es einem eng wird, nicht zwingend her. Die Lösung liegt im Definieren und Gestalten von Raumzonen. Das heißt: Die Wohnung wird bewusst so gestaltet, dass bestimmte Teile der Räume ganz konkrete, sichtbar abgrenzte Funktionen haben. Wenn etwa ein Esszimmer gleichzeitig noch eine Arbeitsecke für ein Familienmitglied beherbergen soll, wird der Raum so gestaltet, dass man sehen kann, wo der Arbeitsbereich aufhört und der Essbereich anfängt.

In den folgenden Übungen nähern Sie sich in zwei Schritten der Raumzonen-Bildung in Ihrer Wohnung. In einem ersten Schritt geht es darum, sich klarzumachen, was für Zonen Sie überhaupt brauchen – im zweiten Schritt lernen Sie, diese optisch und nach wohnpsychologischen Kriterien so zu gestalten, dass sie auch abgegrenzt wirken. Also los:

Phase eins: Was brauchen Sie?

Überlegen Sie sich einmal in einer stillen Stunde, was Sie und Ihre »Mitbewohner« – meist Partner oder Kinder – überhaupt machen und welchen Platz wer wofür braucht. Trennen Sie sich dann, wenn Sie können, einmal von den tatsächlichen Gegebenheiten, und spinnen Sie herum.

Stellen Sie sich vor, Sie könnten alles unterbringen. So könnten Sie zum Beispiel sagen: Jedes Kind soll ein Zimmer haben, ich brauche einen Arbeitsplatz für mich, wir brauchen ein Gästezimmer, mein Partner braucht einen Lesesessel. Nun schauen Sie sich diese Wunschliste an, und überlegen Sie, welche Bereiche unverzichtbar sind. Dann kommt der zweite Schritt dieses Gedankenexperiments: Entscheiden Sie, für welche dieser Funktionen ein abgeschlossenes Zimmer nötig ist z.B. »jedes Kind ein Zimmer« oder »Schlafzimmer«, und denken Sie dann darüber nach, welches Bedürfnis man auch mit einer Raum-Zone, einer Ecke, einem abgeteilten Bereich abdecken könnte.

Arbeitsplätze, Rückzugsecken, Gästecouch, Essecken müssen für viele Menschen nicht zwingend abgeschlossene Räume sein. Also überlegen Sie konkret – dieses Mal mit Blick auf Ihre eigene Wohnung, Ihr eigenes Haus –, wo ein Raum, z.B. das Wohnzimmer, noch mit einer zusätzlichen

Funktionszone ausgestattet werden könnte. Um ein paar Klassiker zu nennen:

- Im Wohnzimmer gibt es eine Sesselecke für eine Person als Rückzugsraum.
- Die Gästecouch im Wohnzimmer ersetzt das Gästezimmer.
- Im Flur gibt es Stauraumlösungen oder einen Sekretär, der die Privatsachen einer Person enthält, die in der Wohnung lebt.
- Das Esszimmer wird aufgelöst und »frei« für eine andere Funktion. Gegessen wird in der Küche.
- In sehr großen und offenen Räumen werden Essbereich, Wohnzimmerbereich und Küche klar definiert und optisch abgetrennt.
- In einem kleinen Single-Apartment werden alle Bereiche ebenfalls klar definiert – und optisch zu »Zonen« gemacht.

Haben Sie sich in irgendeiner Lösung schon wiedergefunden? Oder noch nicht? Dann überlegen Sie, welche konkrete Möglichkeiten es für Ihre Wohnung, Ihr Haus geben könnte. Je ungewöhnlicher die Lösung klingt, desto eher kann sie das Platzproblem kreativ lösen.

Wichtig: An dieser Stelle regt sich möglicherweise Widerstand bei Ihnen. Denn natürlich ruinieren einige dieser Vorschläge die optische, repräsentative Wirkung der Räume. Zu diesem Zeitpunkt des Coachings ist es deshalb wichtig, sich ehrlich zu fragen, wie wichtig es für Sie ist, dass die Wohnung nach außen hin stilvoll und perfekt aussieht. Es ist legitim, das wichtig zu finden. Dann sollten Sie natürlich nicht die wildesten Kombinationen von Raumzonen probieren. Mit den Gestaltungstipps, die Sie im nächsten Schritt bekommen, kann es aber auch gelingen, dass die Räume trotz der Zonen gut aussehen.

Phase zwei: Raumzonen einrichten

Nun geht es konkret darum, die Raumzonen zu gestalten. Wichtig ist, dass die Bereiche, die funktional getrennt sind – z.B. Essen und Arbeiten in einem Zimmer –, auch optisch sehr klar voneinander abgegrenzt sind. Das gilt auch – und erst recht – für sehr große, offene Räume, in denen Wohnen, Essen, Kochen auf einer großen Fläche stattfinden. Auch in solchen oft schönen Grundrissen wird man sich erst zu Hause fühlen, wenn man die Raumzonen deutlicher gestaltet hat. Die folgende Liste gibt Ihnen praktische Möglichkeiten. Lesen Sie diese einmal gut durch, und entscheiden Sie sich dann dafür, mindestens eine Sache davon in dieser Woche auszuprobieren. Wie immer können Sie auch erst einmal probeweise mit Gegenständen arbeiten, die Sie bereits vor Ort haben:

Beleuchtung: Mit Licht lassen sich Bereiche optisch gut trennen: Eine Lampe mit warmem Lichtkegel direkt über dem Esstisch zeigt den Bereich an. Eine Stehlampe mit einem Leselicht oder Arbeitslicht definiert den Sessel (Rückzugsort) oder den Schreibtisch (Arbeitsort) im gleichen Zimmer als »andere Insel«.

Teppiche: Wenn unter dem Esstisch ein Teppich liegt und unter dem Arbeitsbereich im gleichen Raum keiner, ergibt sich so eine klare optische Trennung. Auch in Wohnungen mit moderner Architektur, in denen Wohnen, Essen und Küche in einem Raum stattfinden, können Teppiche – egal ob in unterschiedlichen Farben oder in ähnlichen Tönen – wohnliche Inseln entstehen lassen. Wenn nicht mehr alles auf der großen Fläche zu »schwimmen« scheint, liegen Sie richtig.

Pflanzen: Ist eine der Raumzonen mit Pflanzen abgeteilt oder dekoriert und die andere nicht, entsteht ebenfalls ein Eindruck von Trennung.

Farben und Stile: Die Essecke ist eher in hellen Tönen eingerichtet, der im gleichen Zimmer stehende Sessel oder Schreibplatz ist mit dunklerem Holz oder mit einem antiken Stück eingerichtet. Auch das grenzt ab.

Regale: Optisch trennen auch kleine Sideboards, am besten solche, die ca. 60 cm hoch sind und so einen kleinen optischen Stopp einbauen. Höhere Regale oder Schränke zerschneiden den Raum und lassen ihn »rumpelig« wirken.

Ordnung im Kleinkram: Halten Sie in »Ihrer« Arbeitsecke, in »Ihrer« Rückzugsecke Ordnung, und lassen Sie nicht zu viel Zeug liegen. Verteilen Sie Ihre Sachen auf keinen Fall auf andere Räume oder Ablageflächen. Sonst wird der Eindruck einer »Zone« zerstört. Also: Weder Spielsachen noch Arbeitsunterlagen und Bücher, noch Hobbykram, noch Koch- und

Essutensilien sollten sich durch alle Zimmer ziehen. Trennen Sie die Lebensbereiche!

7 Schritt 7: Mitbewohner einbeziehen – das Leben der anderen

In 60 Prozent aller Haushalte in Deutschland wohnen zwei oder mehr Personen. Und das bedeutet, dass es auch unterschiedliche Bedürfnisse und Vorstellungen gibt, wie man sich einrichten und wohnen möchte. Die Kommunikation ist also ziemlich wichtig, wenn man etwas verändern will. Die Aufgaben in diesem Schritt des Coachings richten sich deshalb primär an Menschen, die mit anderen zusammenwohnen.

Falls Sie zu den 40 Prozent gehören, die allein leben, können Sie sich zurücklehnen und genießen, welche schönen, entspannenden Veränderungen Sie in Ihrer Wohnung schon vorgenommen haben. Und auch, wenn es nicht so viele sind: Suchen Sie an zwei oder drei Tagen für zehn Minuten bewusst eine Ecke oder einen Platz in Ihrer Wohnung auf, an dem Sie sich wohlfühlen, und lassen Sie die positive Atmosphäre auf sich wirken. Was tut Ihnen an dem Platz so gut? Wie können Sie mehr davon in Ihre vier Wände bekommen?

Und nun die Übung für alle, die sich mit Partnern, Kindern, Verwandten oder Mitbewohnern einigen und absprechen sollten:

Heute ist Wohnkonferenz

Die Psychologin Barbara Perfahl hat in ihren Beratungen immer wieder festgestellt, dass Familien und Paare Wohnthemen oft zwischen Tür und Angel besprechen – morgens, bevor man aus dem Haus geht, wirft man dem Partner noch den Satz zu … »Wir müssen endlich mal das Wohnzimmer streichen.« Das führt oft zu Streit und Konflikten.

Ähnliches gilt, wenn einer der Bewohner sich viel und gern mit Einrichten beschäftigt und deshalb im Kopf schon immer sieben Schritte weiter ist als alle anderen, die auch noch im Haushalt leben. Deshalb sollte Wohnen ein offenes Diskussionsthema sein, das immer mal wieder in Ruhe besprochen wird und so ins Bewusstsein aller rückt.

Laden Sie also Ihre »Mitbewohner« in den nächsten Tagen zu einer kurzen Besprechung zum Thema Wohnen ein. Eine halbe Stunde reicht. Mit Kindern sitzt man am Tisch, mit dem Partner kann man natürlich auch einfach bei einem Essen im Lokal oder bei einem Spaziergang reden. Wichtig ist, dass man vorher einmal festlegt: »Wir reden an dem Tag über unsere Wohnsituation: Denk drüber nach, was du gut findest und behalten willst und was anders sein soll.« In der Besprechung sagt dann jeder, was für ihn gerade der wichtigste Wunsch beim Wohnen ist, was gut und was schlecht läuft.

Auch Sie selbst überlegen, welches die wichtigste Neuerung wäre, die Ihnen und Ihren Wohnbedürfnissen entgegenkommt. Sehr oft geht es darum, dass man mehr Raum für sich braucht, dass bestimmte Einrichtungsgegenstände (zum Beispiel Zankäpfel wie die hässlichen Erbstücke des Partners

oder der Partnerin) nicht mehr passen oder dass man Kinder-
zimmer renovieren oder umgestalten sollte.

Wichtig: Natürlich kann nicht jedem jeder Wunsch sofort
erfüllt werden, trotzdem sollte jeder nach dem Gespräch mit
seinem Anliegen einen Schritt weitergekommen sein. Zum
Abschluss wird konkret festgelegt, was man verändern will.

Sonderfall: Falls alle anderen stoisch sind und Sie selbst –
vielleicht auch durch die Anregungen des Coachings – viele
neue Ideen auf dem Zettel haben, machen Sie das klar, und sagen Sie den anderen, was Sie wie und warum verändern wollen. Holen Sie sich die Zustimmung bzw. sondieren Sie, was
den anderen womöglich zu viel Aktionismus ist.

Notieren Sie abschließend die wichtigsten Ergebnisse und
machen Sie für zwei Veränderungsvorhaben konkrete Zeit-
pläne, wann in den nächsten Monaten die Aufräumaktionen,
Renovierungen, Neuanschaffungen et cetera vorgenommen
werden sollen.

Solche kleinen Treffen zum Thema Wohnen können Sie übrigens einmal im Jahr anberaumen (wenn Wohnen für Sie nicht

so wichtig ist) oder einmal im halben Jahr (wenn Sie das Thema für sich zentral finden).

Schritt 8: Eine Sache ändern – entscheiden Sie sich!

Sie haben in den vergangenen Schritten dieses Coachings eine Vielzahl von Anregungen erhalten, wie Sie die Wohnung nach Ihren Bedürfnissen gestalten können und wie das praktisch umgesetzt werden kann. In diesem letzten Schritt geht es nun noch einmal darum zu reflektieren, welche der Übungen und Tipps Ihnen am leichtesten gefallen ist oder welche Sie am meisten angesprochen hat.

Zum Abschluss haben wir daher alle Aufgaben und Anregungen in einer Checkliste zusammengefasst. Lesen Sie die Tipps durch, kreuzen Sie einen oder zwei an, die Sie weiter verfolgen und für die Sie sich in den nächsten Wochen Zeit nehmen werden.

☐ Mit einem Besucherblick durch die eigene Wohnung gehen: Räume fotografieren und gucken, was gut ist und was nicht mehr passt.

- [ ] Aufräumen, ausmisten und wegwerfen: In einzelnen Räumen oder im Keller/Dachboden jeden Tag drei bis fünf Sachen wegwerfen.
- [ ] Alle Bilder von den Wänden oder vom Kühlschrank abhängen und nur das wieder aufhängen, was einem wirklich gut gefällt.
- [ ] Probieren und experimentieren: Mit Klemmleuchten oder Stühlen als Sofa-Stellvertreter konkret ausprobieren, wie Veränderungen wirken.
- [ ] Reflektieren, was einem beim Wohnen wirklich wichtig ist: Ruhe, Geborgenheit, Helligkeit und Harmonie.
- [ ] Einen Einrichtungsgegenstand kaufen, der Ihr Wohnbedürfnis besonders repräsentiert.
- [ ] Die eigene Wohngeschichte und eigene Prägungen kennen und die eigene Wohnung danach gestalten.
- [ ] Mindestens drei Lichtquellen in jedem Raum unterbringen.
- [ ] Fenster freiräumen, Tageslicht reinlassen, weniger dicke Vorhänge.
- [ ] Die Wirkung von warmem, beruhigendem Licht und von kühlem, konzentrationsförderndem Licht kennen – und nutzen.
- [ ] Mit farbigen Kissen oder Stoffen neue Lieblingsfarben austesten.
- [ ] Raumzonen mit Teppichen, kleinen Regalen oder farbig abgrenzen.
- [ ] Alle Funktionen erkennen, die man beim Wohnen unbedingt braucht, und diese in der Wohnung unterbringen.
- [ ] Mit Mitbewohnern wie Partnern oder Kindern über die Wohnbedürfnisse sprechen.

☐ Angemessen handeln: als Wohnmuffel nur wenig umsetzen. Als Einrichtungsfan im Thema schwelgen.

Haben Sie sich nun einen To-do-Punkt ausgesucht, den Sie weiterverfolgen wollen? Dann holen Sie sich nun Ihren Kalender, und tragen Sie ein Datum in den nächsten zwei Wochen ein, an dem Sie sich damit weiter beschäftigen wollen. Wenn Sie ein Notizbuch oder Journal zum Coaching führen, können Sie die Vorhaben natürlich auch hier eintragen.

Datum: _____

Blättern Sie auch in den nächsten Monaten immer mal wieder durch Ihren Kalender und reflektieren Sie: Wie haben Sie sich damals gefühlt, wie gefällt Ihnen Ihre Wohnung jetzt? Und wenn Sie möchten, können Sie jede Übung einfach noch mal aufgreifen. Denn Wohnen ist, wie alles im Leben, ein kontinuierlicher Prozess der Veränderung.

BUCHEMPFEHLUNGEN ZUM WEITERLESEN

Das Thema Wohnen ist vielfältig, und die Bedürfnisse und Fragen, was ansteht, sind sehr divers. Je nachdem, ob Sie eher noch mehr verstehen wollen, was Ihnen selbst beim Wohnen guttut, oder ob Sie konkret einrichten und gestalten wollen, empfehlen wir Ihnen hier zwei Bücher, die sich mit dem Thema noch eingehender beschäftigen.

Barbara Perfahl: *Wohnpsychologie für die Praxis. Wie aus Räumen ein Zuhause wird,* Taunusstein: Blottner Verlag, 2021.

Iris Houghton/Wiebke Rieck: *Wohlfühlfaktor Farbe: Ein Praxishandbuch für die Gestaltung in Ihrem Zuhause,* Taunusstein: Blottner Verlag, 2015.

ANHANG

Beratende Expertinnen und Experten für Selbsttests und Trainings

KAPITEL 1

Selbsttest und Training: Helen Heinemann ist Pädagogin und Leiterin des Instituts für Burn-out-Prävention in Hamburg. In ihren Kursen und Seminaren bringt sie Teilnehmern bei, mit psychischen Krisen und akuten Belastungen konstruktiv und gelassen umzugehen. Das Wissen hat sie auch in zahlreichen Büchern zusammengefasst.

KAPITEL 2

Selbsttest und Training: Julia Scharnhorst ist Psychologin, Psychotherapeutin und Inhaberin der Unternehmensberatung Health Professional Plus, sie berät Führungskräfte und Mitarbeiter zu Fragen der Gesundheitsförderung und Stressprävention. Mit Stressreduktion im Job beschäftigt sie sich in ihrem Buch »Pausen machen munter. Kraft tanken am Arbeitsplatz«.

KAPITEL 3

Selbsttest: Uwe Linke hat eine Ausbildung zum Modedesigner gemacht und sich danach in verschiedenen Psychotherapieformen weitergebildet. Er arbeitet als Moderator, Trainer, Supervisor und Designer. Über die Psychologie des Wohnens hat er zwei Bücher verfasst.

Training: Nach ihrem Psychologiestudium hat Barbara Perfahl sich intensiv mit Raumgestaltung und Innenarchitektur beschäftigt und Bücher übers Wohlfühl-Wohnen veröffentlicht. Außerdem ist sie Teilhaberin einer Agentur für Home Staging in Linz.

ÜBER DIE AUTORIN DER CHECKS UND COACHINGS

Anne Otto, Diplom-Psychologin und Journalistin, war nach dem Studium zunächst einige Jahre als Psychologin tätig und arbeitet heute als Autorin mit Schwerpunkt auf Psychologie- und Wissenschaftsthemen. Sie schreibt außerdem Sachbücher. Für SPIEGEL WISSEN und SPIEGEL COACHING konzipiert sie unter anderem Checklisten und Coachings.

Wachsen statt welken – ein schonungslos offener Erfahrungsbericht über das Älterwerden

Fuckin' fifty – damit hat nun wirklich keiner so plötzlich gerechnet. Eben war noch Abiprüfung, und auf einmal hat man Rücken.

Und jetzt? Nachlassendes Gehör, knirschende Gelenke und die befreiende Erkenntnis, dass Alleinsein schöner sein kann, als von einer Party zur nächsten zu ziehen: Respektlos ehrlich und mit viel Selbstironie schildert Christina Pohl ihren Weg zur inneren Faltenfreiheit und zeigt dabei, wie man mit dem Älterwerden Frieden schließen kann.